中等职业教育课程改革国家规划新教材

全国中等职业教育教材审定委员会审定

经济政治与社会

（第 4 版）

主　编　张雷声　王树春

中国财经出版传媒集团

中国财政经济出版社

图书在版编目（CIP）数据

经济政治与社会 / 张雷声，王树春主编. —4 版
. —北京：中国财政经济出版社，2020.7（2022.8重印）
中等职业教育课程改革国家规划新教材
ISBN 978 - 7 - 5095 - 9871 - 9

Ⅰ. ①经… Ⅱ. ①张… ②王… Ⅲ. ①中国经济 - 经济建设 - 中等专业学校 - 教材 ②政治 - 中国 - 中等专业学校 - 教材 Ⅳ. ① F124 ② D6

中国版本图书馆 CIP 数据核字（2020）第 104368 号

责任编辑：王　芳　　　　责任校对：胡永立
封面设计：陈宇琰　　　　版式设计：中文天地

中国财政经济出版社出版
URL：http：// www.cfeph.cn
E-mail：jiaoyu@cfeph.cn

社址：北京市海淀区阜成路甲 28 号　邮政编码：100142
营销中心电话：010 - 88191537　编辑部门电话：010 - 88190615
北京时捷印刷有限公司印刷
787 × 1092 毫米　16 开　11.75 印张　189 000 字
2020 年 7 月第 4 版　2022 年 8 月北京第 7 次印刷
定价：28.00 元（含配套教学资源库）
ISBN 978 - 7 - 5095 - 9871 - 9
（图书出现印装问题，本社负责调换，电话：010 - 88190548）
本社质量投诉电话：010 - 88190744
打击盗版举报热线：010 - 88191661　QQ：2242791300

中等职业教育课程改革国家规划新教材

出版说明

为贯彻《国务院关于大力发展职业教育的决定》(国发〔2005〕35号)精神，落实《教育部关于进一步深化中等职业教育教学改革的若干意见》(教职成〔2008〕8号)关于“加强中等职业教育教材建设，保证教学资源基本质量”的要求，确保新一轮中等职业教育教学改革顺利进行，全面提高教育教学质量，保证高质量教材进课堂，教育部对中等职业学校德育课、文化基础课等必修课程和部分大类专业基础课教材进行了统一规划并组织编写，从2009年秋季学期起，国家规划新教材将陆续提供给全国中等职业学校选用。

国家规划新教材是根据教育部最新发布的德育课程、文化基础课程和部分大类专业基础课程的教学大纲编写，并经全国中等职业教育教材审定委员会审定通过的。新教材紧紧围绕中等职业教育的培养目标，遵循职业教育教学规律，从满足经济社会发展对高素质劳动者和技能型人才的需要出发，在课程结构、教学内容、教学方法等方面进行了新的探索与改革创新，对于提高新时期中等职业学校学生的思想道德水平、科学文化素养和职业能力，促进中等职业教育深化教学改革，提高教育教学质量将起到积极的推动作用。

希望各地、各中等职业学校积极推广和选用国家规划新教材，并在使用过程中，注意总结经验，及时提出修改意见和建议，使之不断完善和提高。

教育部职业教育与成人教育司

致同学们的话

古往今来，人们不断憧憬和追求理想，但个人理想的实现，始终离不开社会理想的航标。带领中国人民实现民族伟大复兴的中国共产党，在社会主义现代化建设过程中，经过不懈的探索和实践，将一幅新时代中国特色社会主义宏伟蓝图清晰地呈现于世人面前：从全面建成小康社会到基本实现现代化，再到全面建成社会主义现代化强国，是新时代中国特色社会主义发展的战略安排，新的战略正引领中国这艘巨轮朝着更加富强、民主、文明、和谐、美丽的方向奋勇前进。

学习这门课程，有助于同学们更加清楚地认识实现中华民族伟大复兴的宏伟愿景，更加明确奋斗目标，更加坚定行动方向，自觉践行社会主义核心价值观，弘扬劳模精神和工匠精神，做知识型、技能型、创新型劳动者。

要学好本教材，同学们应努力做好以下两点：

一、认真掌握教材内容

本教材从同学们的生活体验出发，由具体到抽象，层层深入，循序渐进，构建了以生活逻辑为主线、以学科知识为支撑的结构体系；把大量贴近现实生活、反映我国经济、政治、文化和社会建设新成果的素材加以图示化；语言表述通俗易懂，图文并茂，喜闻乐读。同学们一定要认真体会和思考，在分析和解决问题的过程中，牢固树立并坚定中国特色社会主义共同理想。

二、切实搞好实践活动

本教材每一单元都包含“学习目标”、“探究实践”部分，每一课又设计了“案例引导”、“图示思考”、“名词点击”、“资料链接”、“活动平台”、“思维拓展”等模块，为同学们自主学习提供一个拓展、延伸的平台。同学们应将理论知识与课内外活动紧密结合起来，自觉进行演讲辩论、模拟活动、知识竞赛等，开展社会调查、参观访问、社会服务等活动，在实践中提高辨析社会现象、主动参与社会生活的能力。

目标正可期，扬帆起航时。一个“富强、民主、文明、和谐、美丽”的美好未来，必将在同学们的积极参与和努力奋斗中得以实现。

编　者

2022 年 8 月

目录

CONTENTS

第一单元　透视经济现象

第二单元　投身经济建设

第三单元　拥护社会主义政治制度

第四单元　参与政治生活

第五单元　建设社会主义现代化强国　共享美好生活

第一单元

透视经济现象

学习目标

1. 认知：了解有关商品交换、消费、生产以及收入分配的基本知识，理解价值规律的作用、企业发展的重要条件、我国的分配制度。
2. 态度：正确看待金钱，以辛勤劳动为荣、以好逸恶劳为耻，崇尚诚信，树立依法纳税的观念。
3. 运用：正确辨析常见的经济现象，理性消费，以实际行动提高自身素质，尝试设计家庭理财方案。

无论是谁，都离不开经济生活。我们衣食住行的各种必需品，需要用货币从市场上购买；我们享受各种服务也要支付货币。我们的学习，就从这里开始。通过透视商品交换的情景、商品价格的变化、企业经营的状况、家庭收入的多元化以及财富增值的不同渠道等常见的经济现象，我们可以了解到货币的本质和职能、商品价格的变化规律，探究如何树立正确的消费观，理性消费；掌握有关的企业经营知识，树立正确的劳动就业观念，全面提高自身的职业素质；理解公民依法纳税的基本义务，增强创新、诚信、效率、公平等意识，提高参与经济生活的能力。

第1课 商品的交换与消费

案例引导

中国特色社会主义进入了新时代。知识消费成为年轻人群的消费新宠，使人们对美好生活有了更深入的品质体验。

针对人们对碎片化时间的利用需求，音频分享平台“喜马拉雅 FM”提供了大量深受用户喜爱的在线听书、新闻讲解、培训课程等网络服务。网购达人杨晓明在“喜马拉雅 FM”举办的线上“知识狂欢节”正式开始之前，火速领取了精品课程 5 折券，又领取了新人红包和“知识大礼包”。“知识大礼包”里面有百本好书精讲，还有关于历史、人文、经济等方面的付费精选课程 30 讲。杨晓明用微信将“知识大礼包”分享到朋友圈，与好友共享精品资源。

知识消费正在融入新时代人们的生活方式，绽放出无与伦比的魅力。

从网络消费中你感受到了什么？

如何评价杨晓明的消费行为？

一、货币的神奇力量

（一）从古到今话货币

在日常生活中，我们看到的物品琳琅满目：食品、电视机、汽车、房子等。这些物品不是天上掉下来的，而是耗费了人的劳动生产出来的；这些物品不是供生产者自己消费的，而是供社会和别人消费的，只有通过交换才能到达别人手中。

我们把用来交换的劳动产品，叫作商品。商品具有二因素：即商品的使用价值和价值。

在现实生活中，人们在市场上购买商品时，都离不开货币。货币是商品交换发展到一定阶段的产物。迄今为止，货币形式大致经历了实物货币、金属货币、纸币和信用货币（电子货币）几个发展阶段。

在原始社会末期，最初的商品交换是物物交换。随着生产力和社会分工的发展，交换越来越广，参加交换的商品种类也越来越多。当交换双方不一定恰好都需要对方的商品时，交换就会发生困难，这种现象经常出现。

名词点击

商品的使用价值是指商品能够满足人们某种需要的属性。商品的价值是指凝结在商品中的无差别的人类劳动。

人们在长期的交换过程中发现，市场上某些商品是大家普遍乐于接受的。为了方便商品交换，人们逐渐把大家普遍接受的某种商品作为通用的交换媒介，这种商品自然而然地从商品中分离出来，用它来表现其他商品的价值。可以和其他一切商品进行交换的商品称为一般等价物。

资料链接

我国夏、商、周时期，贝壳充当一般等价物，今天许多与商品交换有关的汉字，都有贝字做部首，如货、赔、赚、贩等。在古希腊、古罗马，曾用牛羊等牲口充当一般等价物。

一般等价物的不固定、不统一使商品交换仍有许多不便。由于具有体积小、价值大、便于携带、久藏不坏、质地均匀和容易分割等自然属性，金银逐步从商品中分离出来，固定地充当了一般等价物。货币就是从商品中分离出来固定地充当一般等价物的商品，货币的本质是一般等价物。

（二）货币的基本职能

货币的职能是指货币在人们的经济生活中所起的作用。价值尺度和流通手段是货币的基本职能。

货币表现和衡量其他一切商品价值大小的职能，称为价值尺度。货币之所以能够充当价值尺度，是因为货币本身是商品，也有价值。

为了用货币来衡量商品价值量的大小，必须给货币确定一种计量单位，历史上金银充当货币时一般采用的是重量单位，如斤、两等；纸币产生后，采用了专有的计量名称，如人民币元、美元的元等。通过一定数量的货币表现出来的商品的价值，称为价格。货币执行价值尺度职能，就是把商品的价值表现为一定的价格。

最初的商品交换是物与物的直接交换，即：商品——商品。货币出现以后，商品所有者首先将商品换成货币，再用货币换回自己需要的商品。此时的交换方式是：商品——货币——商品。货币充当商品交换媒介的职能，叫作流通手段。执行流通手段的货币只能是现实的货币，不能是观念上的货币，人们常说的“一手交钱一手交货”，就是这个道理。

随着商品经济的发展，货币在两个基本职能的基础上，逐渐派生出贮藏手段、支付手段、世界货币等职能。

名词点击

货币退出流通领域，作为社会财富的代表被保存起来，这时货币执行着贮藏手段的职能；货币被用于清偿债务或支付赋税、租金、工资等，这时货币执行着支付手段的职能；当货币在国际市场上作为一般等价物，货币就是在执行世界货币的职能。

（三）纸币和信用工具

以金银条、块作为货币，每次交换时，都要称重量、查成色，很不方便。随着市场的扩大出现了由国家铸造的货币，即铸币。金属铸币在长期流通过程中，会逐渐被磨损，变得不足值，但并不影响它同足值的金属货币一样使用。人们由此意识到可以用其他物品代替金属货币进行流通，于是就出现了纸币。纸币是由国家、地区或国家联盟发行的货币符号。

纸币虽由国家发行，但其发行量不是任意的，纸币的发行量必须以流通中所需要的金属货币量为限度。纸币发行过多，往往会引起通货膨胀；纸币发行过少，则会造成通货紧缩。两者都属于经济发展过程中的不正常现象。

人民币是我国的法定货币。自 1948 年 12 月 1 日中国人民银行成立以来，我国已陆续发行了五套人民币。爱护人民币，保持人民币整洁，维护人民币尊严，保障人民币正常的流通秩序，是我们每一个公民的义务。

在现实生活中，人们通常采用两种结算方式：一是现金结算；二是转账结算。信用卡、支票等，是经济往来经常使用的支付结算工具。

在科技高度发达的今天，电子货币日益贴近人们的生活。电子货币是指使用电子数据信息，通过计算机及通信网络进行金融交易的货币。现在流行的网上银行、支付宝、财付通等都是以银行卡为载体的最新支付工具。

名词点击

通货膨胀是指流通中的纸币超过了商品流通所实际需要的货币量，从而引起纸币贬值、物价上涨。通货紧缩是指市场上流通的纸币减少，人民的购买力下降，物价下跌。

资料链接

数字化时代的到来，货币形态再次面临革命性变化，近年来出现了数字货币。中国人民银行推出的数字货币是数字化的人民币现金。由央行发行的法定数字货币能够有效降低传统纸币发行、流通的高昂成本，提升经济交易活动的便利性和透明度。

二、商品价格的变动

（一）商品价格变动的因素

商品价格变动的因素有哪些？

你认为在日常消费中，如何才能买到“物美价廉”的商品？

价格是用货币表现的商品价值，但是，在市场上，我们会发现商品的价格不是固定不变的，同一商品的价格总是不断地上下波动。引起价格波动的因素有很多，最主要的因素是商品的供求关系。

当某种商品供不应求时，买者争相买进，买者与买者之间发生竞争，销售者趁机提价，这时商品的价格高于价值，于是就出现了“物以稀为贵”的现象，这就是所谓的卖方市场。当某种商品供过于求时，卖者争相出售，卖者与卖者之间发生竞争，这时商品的价格低于价值，于是就出现了“货多不值钱”的现象，这就是所谓的买方市场。

气候、时间、地域、习俗等，甚至网络的传言等因素也会通过改变商品的供求关系引起价格的波动。

（二）商品价值是价格的基础

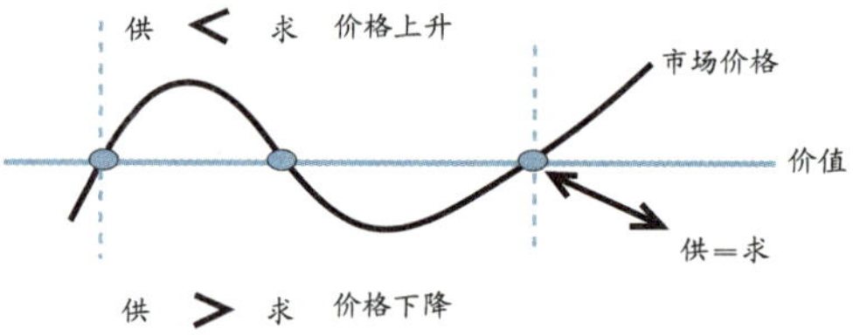

在现实生活中，我们发现：即使供不应求，地铁票价格再涨，也不会比“打的”的价钱高；即使供过于求，一辆宝马轿车的价格再降，也不会比一辆夏利车便宜。虽然商品价格受到供求关系影响而有涨跌现象出现，但这种价格的波动不会偏离商品价值太多，价格最终是由价值决定的。价值是价格的基础，价格是价值的货币表现。在其他条件不变的情况下，商品的价值量越大，价格越高；反之，价格则越低。

商品的价值量是由生产商品的社会必要劳动时间决定的。生产商品的劳动时间分为个别劳动时间和社会必要劳动时间。同一商品有不同的生产者，他们的生产工具、技术水平不同，所耗费的个别劳动时间也不同。在交换过程中，商品的价值只能由社会必要劳动时间决定。

社会必要劳动时间是指在现有的社会正常的生产条件下，在社会平均的劳动熟练程度和劳动强度下制造某种商品所需要的劳动时间。在这里，“现有的社会正常的生产条件”，是指现实社会中同一生产部门内绝大部分同类产品已经达到的条件，最主要是指劳动工具。以皮鞋为例，如果社会上只有少数生产者用机器制作皮鞋，而大多数生产者是用手工制作皮鞋，那么，手工生产就是“现有的社会正常的生产条件”。

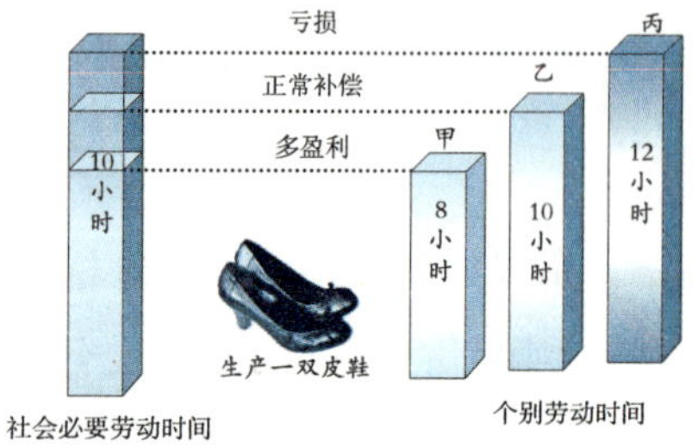

当商品生产者的个别劳动时间多于社会必要劳动时间，他就会在竞争中处于不利地位；当商品生产者的个别劳动时间少于社会必要劳

动时间，他就可以获得较多的收益。个别劳动时间越少，在竞争中就越处于有利地位，收益也越多。

（三）价值规律的作用

商品的价值量由生产商品的社会必要劳动时间决定，商品交换以价值量为基础，实行等价交换，是价值规律的基本内容。价值规律是商品经济的基本规律，它的表现形式是商品价格围绕价值上下波动。价值规律体现着商品经济发展的必然趋势，只要存在商品经济，这一规律就必然会发生作用。

价值规律主要是通过商品的价格涨跌来影响人们生活的。当商品价格上涨时，人们就会减少对它的购买；当商品价格下降时，人们就会增加对它的购买。价格变动会引起需求量的变动，但不同商品对价格变动的反应程度是不同的。

价值规律对生产的影响，主要表现在：

第一，自发地调节生产。当某种商品供过于求时，价格下降，生产者获利减少，便会压缩生产规模；当某种商品供不应求时，价格上涨，生产者获利增加而扩大生产规模。

第二，刺激企业不断改进生产技术，降低个别劳动时间，提高劳动生产率。企业只有提高劳动生产率，才能扩大获利空间，在激烈的市场竞争中处于优势地位。

第三，促使生产者生产适销对路的高质量产品。在市场经济中，哪个生产者能够提供质量好的或者其他企业无法生产的市场需要的产品，其就能获得较大的市场份额，从中获取更多的利润。这就要求生产者适应市场变化进行生产，做到“人无我有，人有我优，人优我转”。

名词点击

劳动生产率是指劳动者的生产效率。它通常用单位劳动时间内生产的产品数量来表示。单位时间内生产的产品数量越多，劳动生产率就越高，平均到单位产品上的劳动时间就越少。

资料链接

一般来说，面粉、食盐等生活必需品价格的上涨，往往不会导致消费者对其需求的急剧减少。电视、手机等较高耐用品价格的大幅度下降，则会导致消费者对其需求的迅速增加。因此，价格变动对生活必需品的影响较小，对较高耐用品的影响较大。但是，在耐用消费品降价时，往往又会出现“买涨不买落”的现象。这是因为人们认为上涨商品在未来还有上涨空间，便会立即购买；而降价商品在未来还会有下降空间，则暂时不会购买。

三、丰富多彩的消费

（一）常见的消费方式

如何选择更合理的消费方式，决定着人们的生活质量。随着生活水平的提高，消费者的消费方式也发生了变化，现实中人们采取的消费方式可以分为钱货两清的消费、信贷消费和租赁消费。

钱货两清的消费就是通常所说的一手交钱、一手交货的交易方式。日常的很多消费都是钱货两清，交换的结果是消费品的使用权和所有权都发生转移。当然，有些较复杂的、技术含量较高的商品在完成交易后，销售者常常通过合同和保修卡等承担售后责任，如我们购买彩电、手机等产品，会有一段时间的包退、包换和包修的保证。

名词点击

消费是指消费者有意识地使用、消耗消费资料和劳务以满足自身生活需要的行为和过程。

租赁消费是以取得设备、工具和耐用消费品等使用权为目的的一种租赁形式。对于许多只使用一次的商品，如旅游用品、音像制品等，确实是“买不如租”，不但给生活带来了便利，而且也节省了资金。

信贷消费是消费者用贷款购买商品和支付劳务费的消费方式。“花未来的钱，办今天的事”，形容的就是信贷消费。信贷消费的特点是以信用为基础，消费者与贷款的金融机构形成借贷关系，按照约定按时还贷付息。信贷消费对提高生活质量，促进生产，拉动经济增长，提高社会的信用意识、法制观念有积极的作用。

消费结构反映各类消费支出在消费总支出中所占的比重。衡量家庭生活水平的高低可以用恩格尔系数表示。恩格尔系数越高，表明人们生活水平越低；恩格尔系数越低，表明人们生活水平越高。

名词点击

恩格尔系数是指食品支出占家庭总支出的比重，常用来衡量一个国家或地区人民的生活水平。

（二）影响消费的因素

人们的消费受很多因素的影响，其中最主要的是人们的收入和消费品价格。收入是消费的基础和前提。在其他条件不变的情况下，人们的可支配收入越多，对各种商品和服务的消费量就越大。消费也会受到未来收入预期的影响，对于未来收入的不确定，也会节制当前的消费。社会总体消费水平的高低与人们的收入差距的大小有密切的联系。收入差距过大，总体消费水平会降低；反之，缩小过大的收入差距，会使总体消费水平提高。所以，要提高人们的生活水平，必须保持经济的稳定增长，普遍增加人们的收入。

资料链接

人们的消费行为受主观心理的影响。有从众心理的人，他们的消费往往易受别人行为的带动。有求异心理的人，消费时喜欢追求与众不同、标新立异。有攀比心理的人，往往有“向上看齐”、“人无我有”的炫耀心。求实心理主导的消费者，在选择商品的时候，往往考虑价格是否便宜、质量好不好、服务是否到位、功能是否齐全、操作是否简单等。讲究实惠，根据自己的需要选择商品，是一种理智的消费。

商品价格高低是影响人们消费的重要因素。消费者的收入总是有限度的，在这一限度内购买商品就必须参考商品的价格，物价上涨，人们的购买力普遍降低；物价下跌，则购买力普遍提高。商品价格的变动影响人们的消费需求，还与商品的种类有关，基本生活消费品受价格水平变动的影响小，奢侈品受价格水平变动的影响大。

人们的消费行为还受到商品质量、广告、心理预期等因素的影响。

（三）树立正确的消费观

我们为什么要勤俭节约、艰苦奋斗？
做理智的消费者应遵循的原则有哪些？

在日常生活中树立正确的消费观，是每个人需要思考的问题。科学的消费观是一种理性的消费观，它主张把消费和收入联系起来，选择健康的消费方式，处理好生存消费、发展消费和享受消费的比重，在已有的收入基础上获得最佳的消费效益。

量入为出，适度消费。我们要做理智的消费者，在自己的经济承受能力之内进行消费，与家庭收入的多少相适应。那些支出无计划，想买什么就买什么，为了撑面子不惜举债消费的行为，都是缺乏理性的。当然，过于节俭也是不可取的。它使人们的消费欲望得不到满足，不利于推动社会生产规模扩大。所以，我们提倡消费要适度。

结构合理，协调消费。合理的消费要求结构均衡，能满足人们各方面、多层次生活消费的需要，保证人们的身心健康和全面发展。随着消费水平的提高，人们在满足物质生活消费的同时，更注重精神文化消费。当代社会已进入知识经济时代，对人的全面发展提出了更多、更高层次的要求，精神文化生活消费日益重要。

名词点击

绿色消费，也称可持续消费，是指一种以适度节制消费，避免或减少对环境的破坏，崇尚自然和保护生态等为特征的新型消费行为和过程。绿色消费，不仅包括绿色产品，还包括物资的回收利用，能源的有效使用，对生存环境、物种环境的保护等。

保护环境，绿色消费。面对严峻的资源短缺现状，我们应该重新审视以往的消费观念，保持人与自然环境之间的和谐，提倡“绿色消费”。绿色消费能够适应消费需求变化的需要。在全面建成小康社会的进程中，消费过程中不污染环境，抵制和不消费那些破坏环境或大量浪费资源的商品，已经成为消费者自觉的行动。

勤俭节约、艰苦奋斗。我国还处于社会主义初级阶段，更要求我们以艰苦奋斗为荣，以骄奢淫逸为耻，即使今后社会发展了，我们依然要发扬勤俭节约、艰苦奋斗的精神。勤俭节约、艰苦奋斗作为一种精神财富，任何时候都不能丢。

活动平台

聚焦学生名牌消费

目　　标：认识合理消费的重要性，树立积极合理的消费观，培养健康的生活方式和积极、健康的消费习惯。

步　　骤：观察日常生活中的消费行为，评析常见的消费心理；分组写出小品角色，运用所学的知识，对同学中存在的各种消费现象进行分析；每组上课进行表演，坚持正确消费观，反对错误消费观；自由发言，教师总结评价。

第2课 企业的生产与经营

案例引导

长虹集团于2015年6月正式改组为四川长虹电子控股集团有限公司，进一步完善了公司法人治理结构。2017年长虹制定了进一步授权改革方案，经绵阳市委市政府批复，公司董事会实现了在干部人事、投资决策、资产处置等15项事项自主决策。这次授权切实理顺政企关系，长虹在投资、人事等方面更灵活，国企改革迈出实质性步伐。

长虹运用多种激励措施激活员工潜力，针对高管团队建立市场化的薪酬管理和考核淘汰机制，并推行刚性绩效管理。同时，长虹在新能源、民生物流、爱联科技、集能阳光等十多家子公司探索员工持股，持续探索多种形式混合所有制。

党的十九大报告指出，要持续不断地深化国企改革，发展混合所有制经济，培育具有全球竞争力的世界一流企业。激发企业活力是国企改革的核心，也是管好国有资产、发展现代企业的核心。长虹作为地方国企代表，通过放权经营、推行经理人市场化、契约化制度，推进“混改”、员工持股、中长期激励等多种手段，充分发挥经营者和核心骨干的主观能动性，激发了企业活力、创新力和内生动力。

- 长虹采取的是什么样的组织形式？长虹成功的原因是什么？
- 作为长虹员工应具备什么素质？

一、企业的生产发展

（一）企业和企业的主要类型

企业主要类型是什么？
公司有几种基本组织形式？

我们生活中所需的商品和服务，离不开千千万万个企业的生产和经营活动，以及各行各业劳动者的辛勤劳动。我们从职业学校毕业以后，可能会成为各个企业的员工，企业的成败关系着我们的未来。

名词点击

企业是以营利为目的从事生产经营活动、向社会提供商品或服务的经济组织。企业是现代经济活动的基本生产经营单位，是市场经济的重要主体，在社会经济活动中具有十分重要的地位。

根据不同的标准，可以将企业划分为各种不同的类型。根据企业的组织形式分为个人独资制、合伙制、合作制和公司制等，其中公司制是现代企业主要的组织形式。根据企业的经营内容和行业属性分为：工业企业、农业企业、商业企业、交通运输企业、建筑安装企业、邮电企业、金融企业、科技企业。根据企业的所有制性质分为：全民所有制企业、集体所有制企业、私营（个体）企业、混合所有制企业和外商独资企业。根据企业的规模分为：大、中、小型企业。根据企业的

资料链接

混合所有制企业，是指由公有资本（国有资本和集体资本）与非公有制资本（民营资本和外国资本）共同参股组建而成的新型企业形式。混合所有制企业的出现是伴随着改革开放的深入，现代企业制度的确立以及股份制企业的涌现而出现的新兴的企业组建模式。应坚定不移地深化国有企业改革，发展混合所有制经济，培育具有全球竞争力的世界一流企业。

生产要素构成的比例分为：劳动密集型、资金密集型、技术密集型企业。

在数百年的孕育和发展中，企业逐渐形成了几种基本组织形式，即个人独资制、合伙制、合作制和公司制等。公司制是现代企业主要的典型的组织形式。

名词点击

公司是依法设立的，全部资本由股东共同出资，并由股份形式构成的，以营利为目的的企业法人。公司是企业的重要形式，是从事生产、流通或服务性活动的经济组织，实行自主经营，独立核算。在现代市场经济中，大中型企业通常采取公司形式。

（二）提高经济效益的主要途径

企业提高经济效益的主要途径有哪些？

为什么企业要深化推进改革？

企业作为市场主体，必然以营利为目的，以追求经济效益最大化为原则。

经济效益是企业一切经济活动的根本出发点，企业必须以不断提高经济效益为中心。提高企业经济效益的途径有多种：

第一，依靠科技进步，增强自主创新能力。科学技术是第一生产力，依靠科技进步与创新，转变经济发展方式，掌握核心技术和自主知识产权，使生产出的劳动产品技术含量高，附加在产品上的劳动价值高，提高了企业的生产总值，从而提高了经济效益。

第二，进行经济核算，健全经济责任制度。在经济核算的基础上，企业应加强成本管理，从而降低成本，提高企业经济效益。通过建立权威的、高效的生产管理指挥系统，建立健全经济责任制。

名词点击

经济效益是企业的生产总值同生产成本之间的比例关系。用公式表示：经济效益＝生产总值／生产成本。经济效益是衡量企业一切经济活动的综合指标，一般用来衡量企业经营效果的好坏。

第三，加强教育培训，提高企业职工素质。目前，我国经济发展正处于从劳动密集向技术密集转化的进程中，技术工人作为企业生产第一线的劳动者，是产品的直接创造者和生产者，承担着企业生产和发展的重任，其整体素质的高低，直接关联着产品的技术含量和质量，直接影响企业的竞争力和发展后劲。因此，不断提高劳动者的职业道德和技术水平，加强职工的教育培训，培育一支既有高尚职业道德又能掌握运用先进技术的劳动者队伍，是企业提高经济效益的重要举措。

第四，深化推进改革，增强发展内生动力。要建立健全企业内部激励约束长效机制，鼓励企业管理层和员工特别是骨干员工持股，使入股员工与企业共享改革发展成果，共担市场竞争风险，激励企业各类人才的积极性、主动性、创造性，激发企业发展内生动力。

资料链接

自主创新有三个方面的涵义：一是加强原始创新，在各个生产领域内努力获得更多的科学发现和重大的技术发明；二是加强集成创新，使各相关技术成果融合汇聚，形成具有市场竞争力的产品和产业；三是加强二次创新，在广泛吸收全球科学成果，积极引进国外先进技术的基础上，充分进行消化吸收和再创新。

二、企业的经营发展

（一）企业经营成功的主要因素

企业经营成功的主要因素有哪些？

为什么要激发和保护企业家精神？

名词点击

企业的经营是指，企业为向社会提供产品和服务并获取利润而进行的所有活动的总和，如采购、生产、市场营销等。

名词点击

企业经营战略是指，在分析外部环境和内部条件的基础上，为在竞争中求生存和发展而做出的总体的、长远的谋划与对策。

在市场经济中，有些企业世界闻名，有些企业却默默无闻，这往往与企业的经营之道密切相关。一个企业的经营是否成功，主要取决于以下因素：

第一，制定经营战略，确定准确的市场定位。正确的经营战略出自高素质的决策群，企业家是企业的统帅和灵魂，而引领企业前行的重要源泉是企业家精神，把握市场动向，制定出着眼于长远利益的战略规划，引领市场先机，开发新产品及差异化产品，满足人民日益增长的美好生活需要。

第二，利用网络平台，实现企业的信息管理。企业信息化，即运用先进的管理理念和先进的信息技术去整合企业现有的生产、经营、设计、制造、管理各个环节，及时地为企业的决策提供准确而有效的数据信息，以便对企业的治理和运营情况做出迅速反应。企业生产过程的智能化和商务运营的电子化是企业经营成功的重要方面。

第三，诚信经营，树立良好的品牌形象。品牌是一个企业的“诚信”标识，是企业的无形资产。品牌直接关系到企业形象、地区形象乃至国家民族形象。质量是品牌的基石，没有一流的质量，就不能赢得消费者的青睐。在创立品牌的过程中，只有加强产品质量管理，将优质产品推向市场，才能赢得消费者的信赖，强化企业产品在顾客心中的地位。

（二）公司经营的优胜劣汰

为什么会出现企业联合、兼并和破产现象？
企业的联合、兼并和破产有什么积极作用？

市场如同竞技场，大家都按照统一的竞技规则参与竞争，谁的实力雄厚，谁的竞技能力强，谁就会处于优势地位；谁缺乏实力，谁就会被淘汰出局。优胜劣汰是市场竞争的铁的法则和必然结果，企业在市场竞争中进行联合、兼并和破产是正常的现象。

活动平台

企业形象设计

目　　标：理解企业形象、诚实守信、名牌产品对企业发展的重要性，增强诚信意识和创新意识。

步　　骤：课前以小组为单位选定一个企业，了解企业的宗旨和文化；讨论确定设计图标方案，搜集相关参考资料，用计算机相关软件设计出代表企业形象的图标；上课进行交流，并选出最佳企业形象设计。

企业联合是指大企业之间为了增强市场竞争力，获得更大经济效益，而实行的合营或合并。

企业兼并是指由经营管理好、经济效益好的优势企业，吞并那些经营不善、企业效益差、长期亏损甚至资不抵债的劣势企业。实行企业兼并，有利于资源的优化配置和产业结构的合理调整，增强企业竞争力和强化企业风险意识。

企业破产是指对那些长期亏损、资不抵债而又扭亏无望的企业，按法定程序实施破产清算的经济现象。

企业的联合、兼并和破产是市场经济条件下，价值规律发生作用的必然结果。加强联合，鼓励兼并，规范破产，不断完善联合、兼并和破产制度，对于加强和改进企业经营、提高企业经济效益、发展社会主义市场经济具有重要意义。

资料链接

市场经济从一定意义上讲是法治经济，企业不仅是市场经济的产物，更是市场经济的主体。在日益激烈的市场竞争中，企业都会面临资金、技术、管理、债务以及市场环境等诸多问题的困扰，因此，企业的联合、兼并和破产已成为现代企业寻求更大的发展或走出困境的常用方法之一。但是，在市场经济条件下，企业的一切经济活动都将受到法律的约束。企业的联合、兼并和破产不是随意可以进行的，它有一套严格的法律操作程序，受到我国法律的严格规制。

三、新时代的劳动者

（一）劳动创造幸福生活

为什么说劳动创造幸福生活？

在我们的日常生活中，小至衣服、食品、住房，大至运河、长城、人造卫星……所有的一切都是劳动的成果。劳动创造文明，创造财富，推动历史前进。劳动还促进人的全面发展，劳动者通过参加劳动并取得报酬，以满足生活需要，创造幸福生活。只有在劳动中，人们才能够享受劳动的喜悦，追求人生价值的实现。在我们社会主义国家中，要营造劳动光荣的社会风尚和精益求精的敬业风气，努力形成劳动光荣、知识崇高、人才宝贵、创造伟大的时代新风。

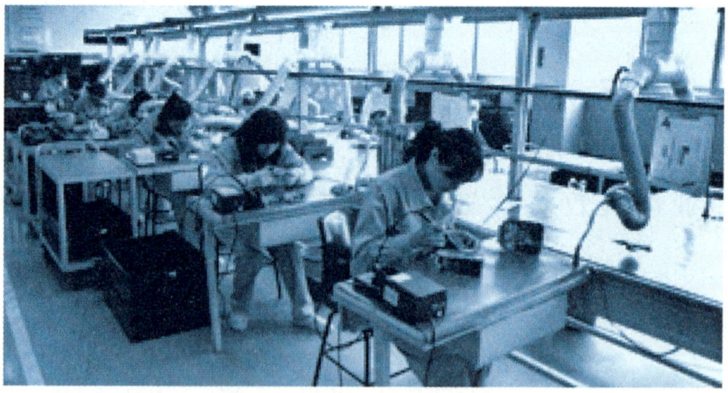

劳动就业是民生之本，党和政府把扩大就业放在经济社会发展的突出位置，大力实施扩大就业的发展战略，积极完善支持自主创业的政策。每个劳动者都要艰苦奋斗，自强不息，树立正确的择业观念，走向合适的工作岗位，靠自己的双手开拓新的生活。

树立职业平等观。各行各业的劳动者，都是靠辛勤的劳动创造社会财富，没有高低贵贱之分。不论是体力劳动还是脑力劳动，不论是简单劳动还是复杂劳动，一切为我国社会主义现代化建设做出贡献的劳动，都是光荣的。

树立自主创业观。利用一切可以利用的资源自己创业，不仅能够找到合乎自身能力、意愿的职业，还能够在创业过程中寻找机会，发挥才干，发掘潜能，陶冶情操，促进自我的完善。

树立灵活就业观。现代市场经济和信息技术导致就业形式多样化，如服装陪购师、时尚摄影师、自由撰稿人、翻译工作者、家庭小时工等就业方式不断增加，只要依法从事有一定报酬的劳动，对社会发展做出贡献，都可以灵活选择。

资料链接

就业对整个社会生产发展和个人幸福具有重要意义。就业能使得劳动力和生产资料相结合，生产出社会所需要的物质财富和精神财富；劳动者通过就业取得报酬，从而获得生活来源，使社会劳动力能够不断再生产；劳动者就业能够享受劳动的喜悦，实现人生价值，提高人的境界，从而促进人的全面发展。

（二）全面提高劳动者素质

什么是劳动者素质？
劳动者素质主要包括什么？

一个国家的劳动者素质，代表着这个国家的经济实力和生产力水平，劳动者素质的高低直接影响着企业的发展。处在经济发展新起点上的中国，面对激烈的国际竞争，必须大力提高劳动者素质。

名词点击

劳动者素质是指劳动者在一定生理和心理条件的基础上，通过教育、劳动实践和自我修养等途径而形成和发展起来的，在生活中发挥重要作用的内在基本品质。

劳动者的素质主要包括：良好的思想道德素质、过硬的专业技能素质和强健的身体心理素质。

思想道德素质在职业活动中的具体表现就是践行社会主义核心价值观，弘扬劳模精神和工匠精神。其基本要求：一是敬业，就是对所从事的职业有一种敬畏之心，对自己所从事的工作负责的态度；二是精业，就是精通自己所从事的职业，技艺精湛；三是奉献，就是对所从事的职业有担当精神、奉献精神。

劳动者的专业技能素质是企业生存与竞争力的关键所在。劳动者专业技能素质的高低直接影响产品质量的好坏，影响劳动生产率的高低。劳动者专业技能素质的提高，是迎接新技术革命挑战的需要。21 世纪，技术性工作将逐步占居职业的主导地位。实现从制造大国向制造强国转变，必须弘扬劳模精神和工匠精神，做知识型、技能型、创新型的劳动者。

身体和心理素质是劳动者思想道德素质和专业技能素质的基础。青年学生应积极参加体育锻炼，调节生活节律和生命活动，不断增强身体和心理素质。

第3课

个人的收入与理财

案例引导

随着经济的发展，我国居民的收入也不断提高，据统计，我国居民人均可支配收入从2011年的14550元增加到2021年的35128元。职业学校毕业的柳汀说，“两年前毕业时月薪只有3000元左右，现在收入增加到了5000多元。收入高了花钱也有底气，以前不敢消费的化妆品、餐饮店，现在可以实现愿望，生活质量提高了。”

斜杠青年王闯高兴地说：“我不仅是一名程序员，而且还是网络带货主播，有空的时候还会兼职去装宽带……扣除个人所得税后，我还有余钱投资，在网银购买电子式国债，获取相对稳定的收益。另外，我还在证券公司开户炒股。当然，投资股票要有风险意识。”

上材料况反映了个人收入的哪些类型？

收入增加了，在满足消费的基础上，还有哪些投资方式？

一、个人收入的类型

（一）个人收入的内涵

个人收入的内涵是什么？

提高个人收入有什么意义？

个人收入是指个人在一段特定期间（一个月、半年或一年），从各种途径所获得的收入的总和，包括工资、租金收入、股利股息及社会福利等收取得来的收入。

个人是市场经济的重要主体，人们通过消费支付，不断购买商品来满足衣、食、住、行的需要。个人收入水平决定消费者购买力水平，个人可支配收入越高，对高品质产品和服务的需求就越大。因此，与经济增长同时且同步的个人收入稳定增长，是不断改善人民生活水平、扩大居民消费需求的基本保障。

个人收入是反映国家社会生产力发展水平的综合指标。改革开放以来，中国经济发展迅速，人民收入水平提高而形成丰富多样的消费需求，通过具体的价格信号，为商家和企业投资提供方向，增强了经济发展的内生动力，最终形成带动新产业发展，培育新增长点，实现产业结构和需求结构在更高层次上的动态平衡。

名词点击

个人可支配收入是个人收入减去个人纳税支出后的余额。它是可以由消费者个人或家庭自由支配的货币额。个人可支配收入分为三个部分：用于个人消费支出的收入；个人储蓄，包括储蓄存款和现金；其他可支配收入，如各种债券、股票、个人保值商品等。

资料链接

2019 年，我国人均国内生产总值 70892 元，按年平均汇率折算，拥有 14 亿人口的大国，实现人均 GDP 过万美元，是我国经济社会发展的重大进步。个人收入持续增加，有利于发挥消费对经济发展的基础性作用，降低经济增长对出口需求和投资需求的过度依赖，促进消费成为拉动经济增长的首要动力。

（二）个人收入的主要来源

- 个人收入有哪些主要类型？
- 为什么说劳动是创造财富的源泉？

我国居民收入来源多样化，从个人获取收入的来源看，个人收入主要包括劳动性收入、财产性收入、经营性收入和转移性收入四种类型。

劳动性收入，是指通过劳动所获得的收入，包括工资、奖金、津贴等。

财产性收入，是指通过自己所拥有的各类财产获得的收入，包括拥有的动产（如银行存款、有价证券）和不动产（如房屋、车辆、收藏品等）所获得的收入，也包括出让财产使用权所获得的利息、租金、专利收入等。

经营性收入指在生产和管理活动中获得的一种收益，通过生产经营活动所获得的收入。

转移性收入是指国家、单位、社会团体对居民家庭的各种转移支付和居民家庭间的收入转移。包括政府对个人收入转移的离退休金、失业救济金和赔偿等；单位对个人收入转移的辞退金、保险索赔、住房公积金；家庭间的赠送和赡养等。

劳动是财富的源泉，也是幸福的源泉。正如习近平总书记所说“幸福都是奋斗出来的！”再宏伟的目标、再美好的愿景，只有靠脚踏实地的诚实劳动、勤勉工作，才能一步步变成现实。我们获取的任何收入归根结底都来自劳动创造。劳动最光荣、劳动最崇高、劳动最伟大、劳动最美丽，新时代比任何时候都更需要具有各种技能的“工匠”，也为各类人才大显身手、创新创业提供了广阔舞台和发展机遇。这就要求全体劳动者必须肯学肯干肯钻研，练就一身真本领，掌握一手好技术，通过辛勤劳动、诚实劳动、创造性劳动获得更多收入，享有更加幸福美好的生活。

二、取之于民、用之于民的税收

（一）税收的特征及种类

税收的基本特征是什么？

我国的税收最主要的种类有哪些？

在现代经济生活中，税收已渗透到我们生活的每一个角落。接受教育要有学校，看病要有医院，出行要有道路，保障国家安全要有国防，防洪、发电要有水利工程，这些都要依靠国家的税收来为公众提供公共服务。一句话，通过税收使国家筹集到为公众提供公共物品及服务的经费。可以说，万丈高楼平地起，税收是根基。

税收具有强制性、无偿性和固定性等基本特征。这是税收区别于其他财政收入形式的主要标志。

第一，税收具有强制性。国家凭借政治权力强制征税。任何单位和个人都必须遵守，不依法纳税者将受到法律的制裁。各级税务机关必须依法征税。

第二，税收具有无偿性。国家取得税收收入，既不需要返还给纳税人，也不需要对纳税人直接付出任何代价。纳税人缴税后并不能直接获得政府提供的产品或服务。

第三，税收具有固定性。国家在征税之前就以法律形式，预先规定了征税对象和征收税额之间的数量比例，未经国家有关部门批准不能随意改变。

税收的三个基本特征互相联系、缺一不可。首先，税收的无偿性要求它具有强制性，国家必须凭借政治权力，依照法律强制地实行无偿征收；其次，税收的强制性和无偿性又决定了它必须具有固定性。如果国家可以随意征税，没有标准，必然会造成经济混乱，最终危及国家利益。

我国主要的税种有个人所得税、增值税、资源税、消费税、企业所得税、关税等。

名词点击

个人所得税，是国家对个人所得额征收的一个税种。居民个人的综合所得，以每一纳税年度的收入额减除费用六万元以及专项扣除、专项附加扣除和依法确定的其他扣除后的余额，为应纳税所得额。专项扣除，包括居民个人按照国家规定的范围和标准缴纳的三险一金等。专项附加扣除包括子女教育、继续教育、大病医疗、住房贷款利息或住房租金、赡养老人等支出。

活动平台

制作税收小卡片

目　　标：理解税收的涵义和作用，明确税收是财政收入的重要保证，树立依法纳税意识。

步　　骤：分若干小组，利用课余时间，以小组为单位到肯德基、麦当劳等餐厅，观察消费者餐后是否索要发票。制作税收小卡片，课上分小组进行展示说明；课下到街上做义务宣传，提醒消费者消费后索取发票，哪怕只消费了一个甜筒。

（二）争做光荣的纳税人

为什么要依法纳税？

纳税人在自觉履行义务的同时，如何增强权利意识？

税收在社会经济中广泛发挥作用，与每个人都有着直接或间接的联系。作为公民，应加强依法纳税的意识，争做光荣的纳税人。

依法纳税，是纳税人事业成功、经济实力增强的一种表现，也是一种社会认同的成就。个人、企业为国家、为社会做了多少贡献，事业是否成功，纳税多少是一个重要的衡量指标。作为纳税人，依法纳税是值得自豪的，自觉纳税是公民社会责任感和国家主人翁地位的具体体现。

依法纳税是公民、企业诚实守信的最好证明，同时也能为其带来潜在利益。我国社会主义税收的本质是“取之于民，用之于民”，只有人人自觉诚实守信纳税，才能为支持国家经济建设、保证社会稳定、提高人民生活水平、加强社会保障等提供财力保障，也才能使广大人民普遍分享改革开放和经济增长的成果。

依法纳税是公民的基本义务，作为纳税人必须遵守国家税法的规定，及时、足额地缴纳税款。税务机关凭借国家政权赋予的权力，向纳税人征收税款。如果纳税人发生了偷税、欠税、骗税、抗税行为，税务机关在追缴税款的同时，要加收滞纳金甚至并处罚款，触犯刑法的还要由司法部门追究其刑事责任。

纳税人在自觉履行纳税义务的同时，还要增强权利意识，行使纳税人的权利，以纳税人的高度责任感，积极关注国家对税收的使用，监督税务机关的执法行为，对贪污和浪费国家资财的行为进行批评和检举，维护国家和人民的利益。

名词点击

偷税是指纳税人故意违反税收法规，采用欺骗、隐瞒等方式逃避纳税的违法行为。如有意少报、瞒报应税项目；伪造、涂改、销毁账册票据等。欠税指税务机关负责征收的应缴未缴的各项收入，包括呆账税金、已到限缴日期的未缴税款等。骗税指纳税人用欺骗手段获得国家税收优惠的行为，主要表现在骗取国家出口退税款。抗税指纳税人以暴力、威胁等手段拒不缴纳税款的行为，如拒绝接受税务机关的纳税检查，围攻、殴打税务人员等，都属于抗税行为。

三、投资理财方式

（一）储蓄存款和商业银行

个人存款储蓄通常有哪两种基本形式？

商业银行的业务有哪些？

随着经济的发展，人们可自由支配的收入越来越多，为了能获得更多的收益，人们开始进行适当的投资。投资就是个人或机构对自己持有的货币资金的运用，以期将来能获得经常性收入或本金的增值。投资有多种方式，如储蓄存款，购买股票、债券和保险等。

储蓄存款是指城乡居民将暂时不用或结余的货币收入存入银行或其他金融机构，储蓄机构开具存折或者存单作为凭证，个人凭存折或者存单可以支取存款本金和利息，储蓄机构依照规定支付存款本金和利息的活动。我国的储蓄机构主要包括各商业银行、信用合作社以及邮政企业等依法办理储蓄业务的机构。

资料链接

储蓄存款一般都会产生利息收入。利息收入的大小主要取决于存款额、存款期、利率等因素。在存款额和存款期一定的条件下，利息的多少取决于利率的高低。利息的计算公式为：利息＝本金×利率×存款期限。利率就是一定时期内利息与本金的比率。

个人储蓄存款通常有两种基本形式：活期储蓄和定期储蓄。活期储蓄可以随时存入和提取，由银行发给储户存折或借记卡，储户凭存折或借记卡存入或提取。定期储蓄则是约定存期和存款的具体形式，银行给储户签发定期存单，储户到期凭存单提取本金和利息。我国现行的定期储蓄存款有整存整取、零存整取、存本取息、整存零取等具体形式。

在我国，吸收存款最多的金融机构是商业银行。商业银行为我国经济建设筹集和分配资金，是再生产顺利进行的纽带，对国民经济各部门和企业的生产经营活动进行监督和管理，可以优化产业结构，提高国民经济效益。

名词点击

商业银行是指经营吸收公众存款，发放贷款，办理结算等业务，并以赢利为主要经营目标的金融机构。我国的商业银行以国家控股银行为主体，是我国金融体系中最重要的组成部分。

（二）股票、债券和保险

股票这种投资方式有什么特点？
商业保险的作用是什么？

股票是股份有限公司在筹集资本时向出资人出具的股份凭证。股票买卖一般通过证券交易所进行，如上海证券交易所和深圳证券交易所。

资料链接

随着网络的普及和经济的飞速发展，网上理财的概念逐渐为人们所接受，银行通过信息网络开办网上银行，可以网上 24 小时买卖股票、基金、保险，实现银行转账、查账等。除了网上银行向客户提供金融服务外，一些网络平台也联合基金公司推出理财产品，操作简便、低门槛、零手续费、可随取随用。多种定期理财产品的投资收益、投资时间一目了然。但任何投资都是有风险的，各类互联网金融公司鱼龙混杂，客户信息泄露、账户资金被盗、非法集存公众存款等安全问题频发，严重威胁了用户资金安全。因此，必须要保证网上账户安全，防止网络投资理财诈骗。

股票收入来源于股息、红利收入和股票价格上升带来的差价。股票是一种高收益高风险的投资方式。投资股票要有风险意识，需要对所购买股票的公司有深刻了解，同时，还要有充足的时间对证券市场进行分析。

债券是国家政府、金融机构、企业等直接向社会借债筹措资金时，向投资者发行，并且承诺按规定利率支付利息，按约定条件偿还本金的债权债务凭证。债券有很多种，包括国家债券、金融债券、企业债券等。

国家债券是指中央政府为筹措资金而向购买者出具的、承诺在一定时期内还本付息的债务凭证。由于国家债券由中央政府发行，政府的资信程度最高，还本付息由国家作保，所以，国家债券的安全性高，风险最小，而且收益又比银行储蓄高，老百姓把国债誉为“金边债券”。

所谓“天有不测风云，人有旦夕祸福”，一些突如其来的灾害和危险，常常给人们的生活和社会带来沉重的负担。面对灾害和危险，人们逐渐摸索出一条减少损失、防范后患、保障生活、安定社会的有效办法，这就是现代社会中普遍盛行的商业保险——以“风险”为投资对象的一种投资方式。

商业保险又称金融保险，是相对于社会保险而言的。商业保险组织根据保险合同约定，向投保人收取保险费，建立保险基金，对于合同约定的财产损失承担赔偿责任；或当被保险人死亡、伤残、疾病或者达到合同约定的年龄、期限时承担给付保险金责任的一种合同行为。

在我国，只有依法设立的保险公司才能经营保险业务，如中国人寿保险公司、中国平安保险公司、中国太平洋保险集团等。险种的基本类型有人身保险和财产保险。现在市场上出现了分红保险。分红保险除具备保险功能之外，还可分配公司经营盈余，使投保人的资金保值增值。随着保险品种的日益多样化，保险的功能会越来越多。

作为一个理性的投资者，在选择投资方向时，既要注意投资的回报率，也要注意投资的风险性，要根据自己的经济实力量力而行。投资既要考虑个人利益，也要考虑国家利益，不得违反国家的法律法规。

名词点击

金融债券是由金融机构发行的债券。金融债券违约风险相对较小，具有较高的安全性。所以，金融债券的利率通常低于企业债券，但高于风险更小的国家债券和银行储蓄存款的利率。

企业债券是企业依照法定程序发行，约定在一定期限内还本付息的债券。企业主要以自身的经营利润作为还本付息的保证，风险较大。与此相对应，企业债券的利率通常也高于国债和金融债券的利率。

名词点击

基金是一种利益共享、风险共担的集合投资方式。通过基金发行单位，集中投资者的资金，由基金管理人管理和运用资金，从事股票、债券等金融工具投资，共担投资风险、分享收益。

探究实践

一、材料分析

受非洲猪瘟疫情等因素影响，2019年下半年以来，国内的猪肉价格呈直线上升趋势。对于生猪养殖户来说，猪价上涨如同一剂强心剂，给他们带来了极大的信心。一些大型生猪养殖企业正抓住时机，大幅扩大生产规模。但肉价不可能出现过度上涨。这正是市场这只无形之手调节的结果。

（1）运用经济知识，分析材料体现了什么道理？

（2）导致肉价价格变动的因素是什么？

二、方案设计

数字技术赋能下的新电商平台能够快速整合生产、物流、销售等全链路资源，打通了农村和城市间的产销对接通道，使滞销农产品畅销，助力脱贫攻坚，促进了农民增收。

（1）结合家乡实际，请你运用经济知识，为农民提出几个网络营销方案。

（2）你认为产品畅销的关键是什么？

三、阅读思考

党的十九大报告提出，坚持按劳分配原则，完善按要素分配的体制机制，促进收入分配更合理、更有序。鼓励勤劳守法致富，扩大中等收入群体，增加低收入者收入，调节过高收入，取缔非法收入。坚持在经济增长的同时实现居民收入同步增长、在劳动生产率提高的同时实现劳动报酬同步提高。让改革发展成果更多更公平惠及全体人民，朝着实现全体人民共同富裕不断迈进。

（1）请结合所学知识，谈谈实现社会公平的重要举措是什么？

（2）为什么说共同富裕是中国特色社会主义的根本原则？

四、探讨回答

以下是即将毕业的学生就择业问题发表的看法。同学甲：我要根据自身专业特长找份工作。同学乙：我不去刚面试的单位，因为又脏又累，还挣钱少。同学丙：不管什么职业，只要能稳定地干一辈子就行。

（1）请阐述就业对于劳动者的意义，并简要评析三位同学的择业观。

（2）如果就业期望和现实发生矛盾，应该怎么办？

五、社会体验

主题：共享单车社会调研

目标：了解共享单车低碳环保、绿色出行对社会的意义和价值，对共享单车在停放、安全、服务等方面提出解决方案。

建议：从共享单车发展的意义、共享单车出现了哪些问题、少数市民将共享单车占为己有等行为进行问卷设计，到社区实践调查，分析调查数据，撰写调查报告，提出解决方案，通过电子邮件发给市建委。

第二单元

投身经济建设

学习目标

1. 认知：了解社会主义市场经济的基本知识、我国经济建设的重大方针政策，理解我国社会主义基本经济制度的优越性、国家实行对外开放的基本国策和对经济进行宏观调控的必要性。
2. 态度：认同社会主义经济制度，尊重市场规则，崇尚市场道德，爱护环境资源，勇于竞争，拥护党和国家在新时代发展经济、建设现代化经济体系的方针政策。
3. 运用：践行市场规则、市场道德，贯彻执行党和国家有关发展经济的方针、政策。

在经济生活中，社会生产总是在一定的经济制度下进行的。而在现代经济中，生产、分配、交换、消费则是在社会主义市场经济条件下完成的。只有坚持全面深化改革，才能在新时代更好地坚持和发展中国特色社会主义。积极投身经济建设，要求我们全面建成小康社会，开启全面建设社会主义现代化强国新征程，积极参与世界市场竞争，推动形成全面开放新格局。通过本单元的学习，将使我们了解职业活动所处的经济制度、经济体制背景，认同我国的基本经济制度和发展经济的方针政策，增强规则意识、开放意识、竞争意识、风险意识，增强参与经济建设的能力。

第4课

我国的基本经济制度

案例引导

2017年9月21日，从北京出发的G1次“复兴号”中国标准动车组驶往上海，实现最高时速350公里。“复兴号”标准动车组由中国铁路总公司牵头组织研制，拥有完全自主知识产权。这标志着中国高铁迈出了“从追赶到领跑”的关键一步，我国铁路技术装备制造迎来一个新的时代。

轨道交通装备核心技术不断突破，中国高速铁路网越织越大，车次越开越密。随着“四纵四横”高铁主骨架基本建成，越来越多的群众享受到了“高铁红利”。仅2018年，高铁动车组累计发送旅客约20亿人次，相当于帮非洲和南美洲的总人口搬了一次家。从无到有，再到里程最长、动车组数量最多、安全运输规模最大，高铁的发展让中国变得更小了，让出行变得更方便了。

高铁工业是什么性质的经济？

我国国有经济在关键行业中发挥着什么作用？

一、社会主义基本经济制度的内容

我国现阶段实行的基本经济制度，包括公有制为主体、多种所有制经济共同发展，按劳分配为主体、多种分配方式并存，社会主义市场经济体制等重要内容。

（一）公有制为主体、多种所有制经济共同发展

社会主义公有制经济的实现形式主要有哪些？

非公有制经济主要有哪些类型？

为什么既要坚持公有制经济，又要鼓励、支持和引导发展非公有制经济？

在我国的经济“百花园”中，公有制为主体的多种所有制经济争奇斗艳、多姿多彩，它们都为繁荣和发展社会主义市场经济做出了贡献。在社会主义初级阶段，应当坚持“公有制为主体、多种所有制经济共同发展”的所有制结构。

在我国的所有制结构中，社会主义公有制经济居于主体地位，主要体现在：第一，公有资产在社会总资产中占优势。公有资产占优势，既要有量的优势，又要注重质的提高。第二，国有经济控制国民经济命脉，对经济发展起主导作用。现阶段，我国社会主义公有制经济的实现形式包括：国有经济、集体经济、混合所有制经济中的国有成分和集体成分。

国有经济是国民经济中的主导力量，其主导作用主要体现在控制力上：第一，在关系国民经济命脉的重要行业和关键领域，如金融、通信、铁路、能源、冶金、化工等，国有经济占支配地位；第二，国有经济以整体质量和竞争力，引导其他所有制经济发展，并在国内外竞争中不断壮大。

发展壮大国有经济，使国有经济控制国民经济命脉，对于发挥社会主义制度的优越性，增强我国的经济实力、国防实力和民族凝聚力，具有关键性作用。因此必须将国有资本向关系国家安全和国民经济命脉的领域集中，增强国有经济的

名词点击

公有制是指一个社会的全体成员或部分成员共同占有生产资料的所有制形式。生产资料公有制是社会主义经济的根本特征。

名词点击

国有经济也称全民所有制经济，它是指由全体劳动者共同占有生产资料（以国家所有的形式存在）的一种公有制形式。

资料链接

国有企业，是指国务院和地方人民政府分别代表国家履行出资人职责的国有独资企业、国有独资公司以及国有资本控股公司。国有企业是国有经济的一种具体实现形式。

控制力、影响力、带动力，反对损害和削弱国有经济的一切错误做法和倾向。

除国有经济以外，集体所有制经济、混合所有制经济中的国有成分和集体成分也是公有制经济的重要组成部分和有效实现形式。发展集体经济和混合所有制经济，有助于巩固公有制经济的主体地位。随着改革开放的不断深入，公有制的多种实现形式也将不断发展和完善。

名词点击

集体所有制经济也称劳动群众集体所有制经济，它是指生产资料归部分劳动者共同所有的一种公有制形式，其具体形式包括农村各种形式的合作经济，集体工业企业、集体商业企业、股份合作制企业、混合所有制经济中的集体成分等。

名词点击

混合所有制经济是指各种不同的所有制经济，按照一定原则实行联合生产或经营的经济形式。目前，我国混合所有制经济主要有：股份公司、中外合资企业和中外合作经营企业等。这些企业中的国有成分和集体成分属于公有制经济。

我国的非公有制经济主要包括个体经济、私营经济、外资经济以及混合所有制经济中的非公有成分。在法律规定范围内的非公有制经济，对增强经济活力、加快经济发展，发挥着重要作用。

名词点击

个体经济是指由劳动者个人或家庭占有生产资料，从事个体生产和经营的一种私有制经济形式。

名词点击

私营经济是指以生产资料私有和雇佣劳动为基础，以取得利润为目的的一种所有制形式。

名词点击

外资经济是指外国投资者和港澳台地区投资者，根据我国法律、法规，在我国大陆地区建立的独资经营企业，以及中外合资经营企业、中外合作经营企业中的外商资本部分。

资料链接

2018 年 11 月 1 日，习近平总书记在《在民营企业座谈会上的讲话》中指出："民营经济具有'五六七八九'的特征，即贡献了 50% 以上的税收，60% 以上的国内生产总值，70% 以上的技术创新成果，80% 以上的城镇劳动就业，90% 以上的企业数量。在世界 500 强企业中，我国民营企业由 2010 年的 1 家增加到 2018 年的 28 家。我国民营经济已经成为推动我国发展不可或缺的力量，成为创业就业的主要领域、技术创新的重要主体、国家税收的重要来源，为我国社会主义市场经济发展、政府职能转变、农村富余劳动力转移、国际市场开拓等发挥了重要作用。"

要坚持公有制为主体、多种所有制经济共同发展，就必须既毫不动摇地巩固和发展公有制经济，又毫不动摇地鼓励、支持、引导非公有制经济发展。

活动平台

规划职业生涯

目　　标：规划自己的职业生涯，认识我们所处的经济制度背景，明确自己的就业目标，增强目标意识和规划意识。

步　　骤：课前分四组，将自己的规划写成交流稿，讨论自己规划的实施方式，如创业规划或应聘相应经济性质单位的准备工作、必备技能等，以及自己期望在工作岗位上达到的目标。

（二）按劳分配为主体、多种分配方式并存

坚持按劳分配为主体原则，对劳动者的劳动报酬有什么影响？

为什么在坚持按劳分配为主的同时，还要坚持多种分配方式并存？

在现实生活中，每个人的衣、食、住、用、行都与收入分配制度息息相关。目前我国实行“按劳分配为主体、多种分配方式并存”的收入分配制度。

要坚持按劳分配为主体，就应当坚持多劳多得，着重保护劳动所得。健全工资决定和正常增长机制，完善企业工资集体协商制度，强化工资收入支付保障制度，增加农民收入。增加劳动者，特别是一线劳动者劳动报酬，提高劳动报酬在初次分配中的比重。

名词点击

按劳分配的基本内容是，在公有制经济中，在对社会总产品做了各项必要扣除之后，按照个人提供给社会的劳动的数量和质量分配个人消费品。

资料链接

2019 年 12 月 30 日，国务院总理李克强签署第 724 号国务院令，公布《保障农民工工资支付条例》，该条例自 2020 年 5 月 1 日起施行。为了规范农民工工资支付行为，保障农民工按时足额获得工资，《保障农民工工资支付条例》从落实主体责任、规范工资支付行为、明确工资清偿责任、细化重点领域治理措施、强化监管手段等方面对保障农民工工资支付作了规定。

除按劳分配以外，我国还存在按生产要素分配等多种分配方式。在社会主义初级阶段，坚持多种分配方式并存，有利于调动全社会各个方面参与经济建设的积极性。要健全劳动、资本、土地、知识、技术、管理、数据等生产要

名词点击

按生产要素分配，是指生产要素所有者凭对生产要素的所有权，取得相应的报酬。

素由市场评价贡献、按贡献决定报酬的机制。

坚持“按劳分配为主体、多种分配方式并存”的收入分配制度，还应当健全以税收调节、社会保障、转移支付等为主要手段的再分配调节机制，合理调节城乡、区域、不同群体间分配关系。要重视发挥第三次分配作用，发展慈善等社会公益事业。还要鼓励勤劳致富，保护合法收入，增加低收入者收入，扩大中等收入群体，调节过高收入，清理规范隐性收入，取缔非法收入。

共同富裕是中国特色社会主义的根本原则。必须始终坚持以人民为中心的发展思想，让改革发展成果更多更公平地惠及全体人民。既要反对平均主义，又要防止收入差距悬殊；既要落实分配政策，又要提倡奉献精神；在鼓励人们创业致富的同时，倡导回报社会和先富帮后富。

（三）社会主义市场经济体制

在中华人民共和国成立后至改革开放前的很长一段时间内，我国曾参照苏联实行高度集中的社会主义计划经济体制。在计划经济体制下，国家对经济进行统一管理和调度，直接控制企业和个人的经营活动，限制和排斥市场调节和市场经济。随着社会主义经济建设的推进，计划经济体制存在的资源配置效率不高、不利于调动生产者积极性等弊端日益显现。

名词点击

资源配置是指资源的稀缺性决定了任何一个社会都必须通过一定的方式把有限的资源合理分配到社会的各个领域中去，以实现资源的最佳利用，即用最少的资源耗费，生产出最适用的商品和劳务，获取最佳的效益。资源配置的效率，对一个国家经济发展有着极其重要的影响。

改革开放以后，人们逐渐从理论上和实践上重新认识市场的作用。邓小平同志就曾指出：“计划经济不等于社会主义，资本主义也有计划；市场经济不等于资本主义，社会主义也有市场。”1992 年 12 月，党的十四大明确提出了我国经济体制改革的目标是建立社会主义市场经济体制。

自我国经济体制改革目标明确以后，党和国家一直把建立和完善社会主义市场经济体制作为一项重要工作来抓。改革开放的伟大实践充分证明，建立和完善社会主义市场经济机制，有助于调动全社会生产积极性，也有助于提高资源配置效率。在加快我国经济发展、提升我国综合国力等方面，社会主义市场经济体制发挥着越来越重要的促进作用。在总结改革开放成功经验的基础上，2019年召开的党的十九届四中全会再次强调，必须坚持社会主义基本经济制度，充分发挥市场在资源配置中的决定性作用，更好地发挥政府作用，加快完善社会主义市场经济体制。

名词点击

综合国力是指一个主权国家赖以生存与发展所拥有的全部实力及国际影响力的合力，是一个国家的政治、经济、科技、文化、教育、国防、外交、资源、民族意志、凝聚力等要素有机结合、相互作用的综合体。

二、坚持社会主义基本经济制度

（一）社会主义基本经济制度适合我国国情

为什么说社会主义基本经济制度适合我国国情？

我国的社会主义基本经济制度，既体现了社会主义的优越性，又与我国社会主义初级阶段的社会生产力发展水平相适应，遵循了生产关系一定要适应生产力发展的客观规律。

中国共产党领导的中国特色社会主义进入新时代，我国社会主要矛盾已经转化为人民日益增长的美好生活需要和不平衡不充分的发展之间的矛盾，但我国仍处于并将长期处于社会主义初级阶段的基本国情没有变，我国是世界最大发展中国家的国际地位没有变。

第一，我国已经是社会主义国家，必须坚持以公有制和按劳分配，才能体现社会主义社会性质。一方面，公有制是与社会化大生产相适应的所有制形式，也是能够确保全体人民共享经济发展成果的所有制形式。在社会主义制度下，要实现人民当家作主，就必须保证公有制的主体地位。另一方面，按劳分配是能够保障社会公平正义、消灭两极分化、实现共同富裕的分配方式。在社会主义制度下，要避免收入差距不合理拉大，就必须坚持按劳分配的主体地位。

第二，我国现阶段仍处于社会主义初级阶段。一是，生产力发展具有不平衡、多层次等特点，需要着力解决好发展不平衡不充分问题。这样的生产力状况，客观上需要在公有制为主体的条件下，鼓励多种所有制经济共同发展。二是，在不平衡不充分发展的客观条件下，要更好满足人民日益增长的美好生活需要，就要充分利用一切可以利用的资源并调动一切积极因素。这就需要在坚持按劳分配为主体的同时，允许多种分配方式并存。三是，要解放和发展生产力，加快解决不平衡不充分发展问题，就必须提高资源配置效率，调动全社会生产积极性，建立和完善社会主义市场经济体制。

资料链接

社会主义初级阶段特指我国在生产力落后、商品经济不发达条件下，建设社会主义必然要经历的特定阶段。改革开放之初，我们党发出了“走自己的路、建设中国特色社会主义”的伟大号召。从那时以来，我们党团结带领全国各族人民不懈奋斗，党的面貌、国家的面貌、人民的面貌、军队的面貌、中华民族的面貌发生了前所未有的变化。

经过长期努力，中国特色社会主义进入了新时代，这是我国发展新的历史方位。这个新时代，是承前启后、继往开来、在新的历史条件下继续夺取中国特色社会主义伟大胜利的时代，是决胜全面建成小康社会、进而全面建设社会主义现代化强国的时代，是全国各族人民团结奋斗、不断创造美好生活、逐步实现全体人民共同富裕的时代，是全体中华儿女勠力同心、奋力实现中华民族伟大复兴中国梦的时代，是我国日益走近世界舞台中央、不断为人类作出更大贡献的时代。

（二）坚持社会主义基本经济制度的意义

- 坚持社会主义基本经济制度的意义是什么？
- 什么是社会生产力发展的内在要求？

我国的社会主义基本经济制度，是对社会主义建设和发展规律认识的深化，是党和人民的伟大创造，对于完善社会主义生产关系，进一步解放和发展生产力具有重要意义。

第一，坚持社会主义基本经济制度有利于解放和发展生产力。发展是解决我国一切问题的基础和关键，发展必须是科学发展，必须坚持和完善我国社会主义基本经济制度。

第二，坚持社会主义基本经济制度有利于增强综合国力，有利于调动一切积极因素，使有限的社会资源尽可能发挥最大效能，对于提高我国总体实力起到重要作用。

第三，坚持社会主义基本经济制度有利于提高人民生活水平。基本经济制度对于促进就业、有效调配资源有重要作用，归根结底会增加生产与供给、活跃市场，为提高人民生活水平、满足人民日益增长的美好生活需要提供保障。

总之，我国仍处于并将长期处于社会主义初级阶段，不断完善社会主义基本经济制度将是一项长期而艰巨的任务。坚持以供给侧结构性改革为主线，坚持和完善社会主义基本经济制度，加快建设现代化经济体系，既是社会生产力发展的内在要求，又是社会主义制度自我完善和发展的必然要求。

第5课 社会主义市场经济

案例引导

2021年，我国构建新发展格局迈出新步伐，高质量发展取得新成效。国内生产总值比上年增长8.1%，经济增速在全球主要经济体中名列前茅；经济总量达114.4万亿元，突破110万亿元，按年平均汇率折算，达17.7万亿美元，稳居世界第二，占全球经济的比重预计超过18%；人均国内生产总值80976元，按年平均汇率折算，达12551美元，突破了1.2万美元。2021年年末，中国外汇储备余额32502亿美元，稳居世界第一。

2021年，我国持续深化改革开放，积极畅通经济内外循环，供给侧结构性改革取得重要进展。一是全年三大需求对经济增长都作出了积极贡献。2021年，最终消费支出、资本形成总额、货物和服务净出口分别拉动经济增长5.3、1.1、1.7个百分点，对经济增长的贡献率分别为65.4%、13.7%、20.9%。二是国内大循环主体作用增强。扩大内需战略深入实施，国内循环对经济发展的带动作用明显增强。2021年，我国社会消费品零售总额超过40万亿元，比上年增长12.5%；固定资产投资规模超过50万亿元，增长4.9%。内需对经济增长的贡献率达79.1%，比上年提高了4.4个百分点。经济增长还是内需拉动为主。三是国内国际循环相互促进。超大规模市场优势显现，内需扩大拉动了进口；产业体系健全、生产能力稳定的优势得到发挥，外需拓展促进了出口。2021年，我国货物进出口总额再创历史新高，其中进口、出口分别比上年增长21.5%、21.2%。内外需都发挥了很好的作用，而且是相互结合的。四是生产分配流通消费循环改善。在生产环节，生产扩大为循环改善打下了基础。2021年，规模以上工业增加值比上年增长9.6%，工业行业的增长面达到了95.1%，产品的增长面达到了73.4%。

社会主义市场经济为中国经济发展提供了哪些动力因素？

如何看待供给侧结构性改革给我国经济带来的影响？

一、走进社会主义市场经济

（一）市场配置资源

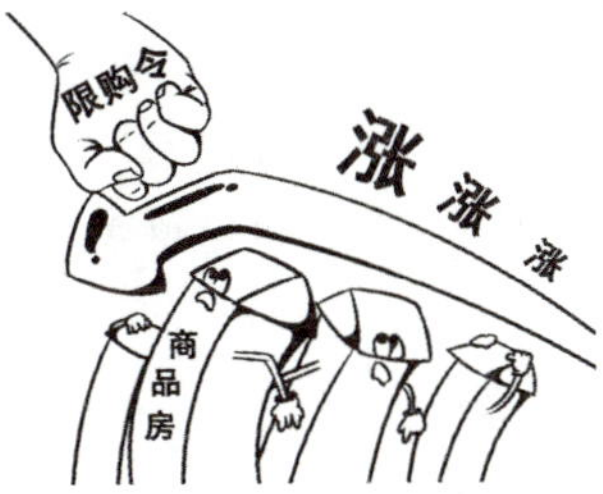

什么是市场经济？

市场经济具有什么特征？

要了解什么是市场经济，就应首先弄清什么是市场，市场是社会生产和社会分工发展的产物，它是与商品经济同时产生和发展的。哪里有社会分工和商品经济，哪里就有市场。随着商品生产和商品交换的发展，市场也在不断扩大。

市场是指商品交换的场所和商品交换关系的总和。市场有有形和无形之分。有形市场是指商品交换的场所，如百货商店、城乡集市、商业街等集中进行商品买卖的地方。无形市场是指没有固定的交易场所，靠广告、中间商以及其他交易形式，寻找货源或买主，沟通买卖双方实现交换。比如，有些厂家把自己的产品名称、规格、型号等信息发布到网上，用户可根据网上信息，通过电话、电子邮

资料链接

2016 年楼市的火爆推动了至少 14 个城市的房价在一年中上涨超过四分之一，涨幅最大的城市房价上涨超过一半。国家统计局数据显示，2016 年共 14 个城市全年房价上涨超过 25%，其中上海、南京、合肥、厦门、深圳 5 个城市的涨幅超过了 40%。新建商品住宅价格上涨超过 30% 的达到了 11 个。深圳为 2016 年房价涨幅最大的城市，全年新建商品住宅价格上涨超过 50%，为年内涨幅超过一半的惟一城市。2016 年有 11 个城市的二手住宅价格涨幅超过 25%。涨幅超过 40% 的城市达到 4 个，涨幅超过 30% 的城市则有 7 个。

件或传真联系，从而实现交易。

市场经济是在商品经济基础上发展起来的，是商品经济发展到一定阶段的产物，是商品经济发展的高级阶段。

名词点击

市场经济是指市场在资源配置中起决定性作用的经济。在市场经济中，社会资源的配置是由市场机制的作用实现的。

市场经济条件下，市场作为资源配置的机制，主要是通过供求、价格、竞争等要素之间的有机联系及作用来实现资源配置的。市场机制中最核心的是价格，它与供求、竞争紧密联系，共同发挥作用，通过价格的变化，引导供给者（生产者）和需求者（消费者）行为的变动。

市场经济是商品经济充分发展的阶段，是商品经济社会化的表现。一般来讲，市场经济具有如下属性或特征：

第一，平等性。交换的当事人没有社会地位的差别，生产者、经营者、消费者平等参与经济活动。在市场交换中，必须遵循等价交换的原则，任何人都不得利用强制手段占有他人的劳动成果。

第二，竞争性。一方面，竞争对商品生产者和经营者形成外在的压力，促使他们不断改进技术、提高劳动生产率，并实现优胜劣汰；另一方面，充分的市场竞争可以保证价格变化的灵敏性，使供求关系尽快调整，实现资源优化配置。

第三，法制性。市场经济本质上是一种有秩序的经济，法制性是对市场经济内在秩序客观要求的反映与维护，健全的法制是协调和处理矛盾、体现公正平等的依据和准则。在市场经济条件下，每个经济活动参与者可以用法律规范自己参与经济活动的行为，并维护自身权益。

第四，开放性。开放的市场能够打破狭隘的区域封锁，实现生产要素的自由

资料链接

资源配置有两种基本方式，除市场配置方式外，还有计划配置方式。资源的计划配置是指由政府通过计划、行政指令、经济政策等手段配置资源的一种方式。计划配置的优点是：能从宏观上保证经济的协调运行，能对国民经济的经济结构和生产力布局进行调整，收入分配时能顾及公平。它的缺点是：难以反映复杂多变的社会需求，信息传递容易失真、扭曲，容易造成市场主体缺乏动力和活力。

流动。在这种“大市场”环境下，经济活动参与者能充分发挥各自的优势，并广泛利用各种优秀的生产资料和科技成果，达到资源优化配置的目标。

市场经济的四个特征相互联系、相互制约，实现了资源的优化配置。

在市场经济条件下，市场对实现资源的优化配置发挥着积极的作用。但是，市场的调节作用并不是万能的。例如，不能让市场调节国防、治安、消防等公共服务的供给。此外，有些产品如麻醉品、枪支弹药等，因其产品本身的特殊性，也不能依靠市场调节。国民经济结构的重大调整，市场也难以发挥有效作用。即使是在市场调节可以广泛发挥作用的领域，也还存在着自发性、盲目性、滞后性等弱点或缺陷。

第一，自发性。在市场经济中，商品生产者和经营者在价值规律的自发调节下，追求自身的利益。这样，市场上就有可能产生不正当竞争行为。

第二，盲目性。在市场经济条件下，经济活动的参与者分散在不同的领域从事经营活动，不可能掌握社会各方面的信息，也无法控制经济变化的趋势。因此，他们做出的经营决策往往带有一定的盲目性，造成经济波动和资源浪费。当某种商品的生产有利可图时，他们往往就一哄而上，反之则一哄而散。

第三，滞后性。在市场经济中，市场调节是一种事后调节，从价格信号到商品生产的调整有一定的时间差，需要一个过程。经济活动参与者是在某种商品供求不平衡，出现价格上涨或下跌之后，才做出扩大或减少相关商品供应的决定的。市场调节的滞后性往往会导致经济波动和资源浪费。

（二）社会主义市场经济的基本特征

为什么要发挥国有经济的主导作用？

社会主义市场经济的基本特征体现在哪些方面？

建立社会主义市场经济，就是要使市场在国家宏观调控下对资源配置起决定性作用的经济。社会主义市场经济体制就是与社会主义经济相适应的经济体制。建立和完善社会主义市场经济体制是我国经济体制的伟大创新。社会主义市场经济体制是我国社会主义基本经济制度的重要组成部分。

社会主义市场经济既有市场经济的共性，又有自己的鲜明特征；既可以发挥市场经济的作用，又可以发挥社会主义的优越性。社会主义市场经济的基本特征体现在三个方面：

> **资料链接**
>
> 社会主义市场经济体制的内容包括：
>
> （1）规范的现代企业制度；（2）统一、开放、竞争、有序的市场体系；（3）健全的宏观调控体系；（4）合理的收入分配制度；（5）完善的社会保障制度；（6）与以上社会主义市场经济体制的具体内容相配套，还必须建立适应社会主义市场经济的科技、教育体制和完备的法律体系，从而形成一整套完善的社会主义市场经济体制。

第一，公有制占主体地位是社会主义市场经济的基本标志。资本主义市场经济建立在资本主义生产资料私有制的基础上，而我国的市场经济体制与社会主义经济结合在一起。在社会主义市场经济中，各种类型的企业都进入市场，平等地展开竞争，但公有制经济占主体。坚持公有制的主体地位，发挥国有经济的主导作用，是社会主义市场经济的基本标志。

第二，社会主义市场经济以实现共同富裕为根本目标。资本主义市场经济由于以生产资料私有制为基础，必然导致收入分配的两极分化。我国的分配制度是按劳分配为主体，多种分配方式并存。既鼓励一部分地区、一部分人通过诚实劳动和合法经营先富起来，合理拉开差距，又要缓解社会分配不公，防止两极分化，以实现共同富裕为根本目标。

第三，社会主义市场经济条件下国家能够实行强有力的宏观调控。在社会主义市场经济条件下，生产资料公有制的主体地位确保国家掌握着国民经济命脉，为国家实行宏观调控提供了强大的物质基础。国家可以协调各方面的关系，把人民的当前利益与长远利益、局部利益与整体利益结合起来，合理确定国民经济和社会发展的战略目标，集中财力、物力、人力进行重点建设，综合运用各种手段，促进经济结构的优化，引导国民经济持续、健康发展。

二、在社会主义市场经济中更好地发挥政府作用

（一）创新和完善宏观调控的必要性

> 社会主义市场经济为什么要创新和完善宏观调控？
>
> 为什么说“有形的手”和“无形的手”要结合起来？

资料链接

“看不见的手”与“看得见的手”

市场就像一只“看不见的手”，在供给和需求之间，根据价格的自然变动，引导资源向着最有效率的方面配置。

“看得见的手”一般是指政府宏观经济调控或管理，也称“有形之手”。其最终目的是为了补救“看不见的手”在调节微观经济运行中的失效。如果政府的作用发挥不当，不遵循市场的规律，也会产生消极后果。

在现代市场经济的发展中，人们普遍寄希望于“两只手”的配合运用，以实现社会经济的平稳运行。

由于市场不是完美无缺的，因此，为保证社会主义市场经济健康、稳定发展，不仅需要充分发挥市场的作用，还离不开国家的宏观调控。国家的宏观调控就是指国家运用各种手段对国民经济进行的调节和控制。只有加强国家的宏观调控，才能克服市场的种种缺陷，把“有形的手”和“无形的手”结合起来，保证市场经济健康、有序地发展。

从社会主义的经济性质来看，社会主义市场经济相对于其他市场经济，创新和完善宏观调控的要求更为强烈。具体表现在：

第一，创新和完善宏观调控，是社会化大生产发展的客观要求。社会主义公有制经济本身就是适应社会化大生产发展而建立的，社会化大生产使社会经济的各个部门、各个领域密切联系在一起，在其内部客观存在着相互协调的比例关系，创新和完善宏观调控正是其内在的相互协调发展关系的反映。

第二，创新和完善宏观调控是发展社会主义公有制经济的客观要求。公有制是社会全体成员或部分成员占有生产资料，代表着全民的整体利益，宏观调控正是从全局、整体、长远利益出发对经济进行干预，代表了全民的整体和长远利益。因此，创新和完善宏观调控是社会主义公有制经济发展的必要保障。

第三，创新和完善宏观调控是加快完善社会主义市场经济体制的客观要求。社会主义市场经济体制本身就是在国家宏观调控的前提下发挥市场对资源配置的决定性作用。创新和完善宏观调控是社会主义市场经济体制的内在属性，可以弥补市场机制的功能性缺陷，解决市场所不能解决的问题，有效地发挥市场对配置资源的决定性作用，而且，强有力的国家宏观调控，又是市场发挥其配置资源的积极作用的保证。

第四，创新和完善宏观调控是满足人们日益增长的美好生活需要与实现共同富裕目标的客观要求。创新和完善宏观调控是经济实现平稳、又好又快发展的保障，否则，经济发展将大起大落。经济过热引发通货膨胀，使人们特别是固定收入的群体生活质量下降；经济发展过于缓慢会导致大量失业，使收入分配差距扩大，都违背了社会主义经济制度的本质属性。

活动平台

聚焦房地产市场

目　　标：了解我国房地产市场的发展状况，理解国家关于房地产业的宏观调控措施，对宏观调控的手段和目标有更直观的认识。

步　　骤：课前分四组，通过上网查找、调查走访等方式将影响房价的因素和国家采取的措施写成交流稿，谈谈对房价的看法和对国家宏观调控措施的认识；自由发言，教师总结评价。

（二）宏观调控的主要目标和手段

我国宏观调控的主要目标是什么？

我国宏观调控的手段有哪几种？

我国宏观调控的主要目标是：促进经济增长，增加就业，稳定物价，保持国际收支平衡。其主要任务是：保持社会总需求与社会总供给在总量上和结构上的大致平衡，即保持经济总量平衡，抑制通货膨胀，促进经济结构优化，实现经济稳定增长。

国家的宏观调控主要是通过法律手段、经济手段和行政手段来实现的。

法律手段是指国家通过制定和运用经济法规来调节经济活动的手段。运用法律手段可以有效地维护经济活动参与者的合法权利，调整社会经济关系，规范生产经营者的活动和市场秩序，保证经济的正常运行。

经济手段是指国家运用经济政策和经济计划，通过对经济利益的调整或对经济活动参与者的影响，调节社会经济活动的措施。其中，财政政策和货币政策是国家宏观调控时最常用的经济手段。

资料链接

财政政策，包括财政收入政策、财政支出政策以及二者的结合使用。财政收入的主要构成是税收，政府通过调整税收和税率，可以调节市场供求平衡。例如，当供大于求、经济增长速度下滑时，对消费者减税，可以增加消费者的可支配收入，使消费需求增加。反之，当社会上产品供不应求、经济增长过快时，则采取相反的税收政策。

货币政策是指国家通过调节货币供应量和信贷投放，实现宏观经济目标的一种经济政策。中央银行可以通过下调利率，适度增加货币投放和信贷投放，以鼓励企业贷款投资，推动国民经济的增长；反之则可以抑制经济增长过快。

行政手段是指国家通过行政机构，采取行政命令、指示、指标、规定等行政措施来调节和管理经济的手段。行政手段的作用直接而迅速，但不能片面强调和过多运用；否则，将不利于市场作用的发挥。

总之，国家宏观调控的手段各有所长、各具特色，它们相互联系、相互补充，共同形成了宏观经济调控制度体系。在市场经济条件下，发挥宏观调控制度体系的总体功能，应该以经济手段和法律手段为主，行政手段仅仅作为辅助手段。同时，经济手段的运用，还要视经济运行情况确定具体政策措施及其组合。

第6课

小康社会的经济建设

案例引导

党的十八大以来，中国特色社会主义进入新时代，以习近平同志为核心的党中央顺应我国经济社会发展新要求和广大人民群众新期待，提出“到2020年全面建成小康社会”的奋斗目标，赋予全面小康更高的标准、更丰富的内涵。全面建成小康社会，是惠及全体人民的小康，是城乡区域共同发展的小康，是发展更平衡、更协调、更可持续的小康，是经济建设、政治建设、文化建设、社会建设、生态文明建设“五位一体”全面进步的小康。为确保全面建成小康社会目标如期实现，党中央从坚持和发展中国特色社会主义全局出发，提出“四个全面”战略布局，并将全面建成小康社会置于引领地位，把全面深化改革、全面依法治国、全面从严治党作为确保实现全面建成小康社会战略目标的战略举措。党的十九大后，全面建成小康社会进入决胜期，党中央提出要突出抓重点、补短板、强弱项，特别是把脱贫攻坚作为重中之重，采取许多具有原创性、独特性的重大举措，打赢了人类历史上规模最大、力度最强的脱贫攻坚战。2020年年末现行标准下农村贫困人口全部脱贫，困扰中华民族几千年的绝对贫困问题得到历史性解决，为全面建成小康社会奠定了坚实基础。

如今，全面建成小康社会的宏伟目标在中华大地已变为现实，我们党兑现了向人民、向历史作出的庄严承诺。在中华大地上全面建成小康社会，是实现中华民族伟大复兴征程上的一座光辉里程碑，也是我国社会主义现代化建设迈出的关键一步，极大鼓舞着全党全国人民满怀信心向着全面建成社会主义现代化强国的第二个百年奋斗目标迈进。

- 什么是小康社会？
- 从全面建设小康社会到全面建成小康社会，体现了我们党的什么思想？

一、全面建成小康社会的特征和经济目标

（一）全面建成小康社会的特征

全面建成小康社会的特征主要体现在哪些方面？

资料链接

“三步走”战略的内容是：第一步从 1981 年到 1990 年，实现国民生产总值翻一番，解决温饱问题；第二步从 1991 年到 20 世纪末，国民生产总值再增长 1 倍，人民生活达到小康水平；第三步到 21 世纪中叶，人均国民生产总值达到中等发达国家水平，生活比较富裕，基本实现现代化。

改革开放之后，我们党对我国社会主义现代化建设作出战略安排，提出“三步走”战略目标。经过全党全国各族人民持续奋斗，我们实现了第一个百年奋斗目标，在中华大地上全面建成了小康社会，历史性地解决了绝对贫困问题。

在全面建成小康社会、实现第一个百年奋斗目标基础上，我们要乘势而上开启全面建设社会主义现代化国家新征程，向第二个百年奋斗目标进军，在本世纪中叶建成富强民主文明和谐美丽的社会主义现代化强国。

名词点击

生态文明是与物质文明、政治文明、精神文明和社会文明相并列的现实文明形式之一，着重强调人类在处理与自然关系时所达到的文明程度。

全面建成小康社会的特征主要是全面性、协调性和可持续性。

全面建成小康社会的全面性体现在以经济发展为基础的社会全面进步和人的全面发展上。

全面建成小康社会的协调性体现在统筹推进经济建设、政治建设、文化建设、社会建设、生态文明建设上，体现在经济社会发

展中的各种关系如城乡关系、区域关系、人和自然的关系等的协调发展上。

全面建成小康社会的可持续性体现在坚持人与自然和谐共生，坚定走生产发展、生活富裕、生态良好的文明发展道路，建设美丽中国，为人民创造良好生产生活环境，实现中华民族的永续发展，为全球生态安全做出贡献上。

（二）全面建成小康社会的经济目标

全面建成小康社会的新的经济要求是什么？
人民生活水平全面提高体现在什么方面？

在全面建设小康社会的基础上，全面建成小康社会的新的经济要求是：经济持续健康发展。力争转变经济发展方式取得重大进展，在发展平衡性、协调性、可持续性明显增强的基础上，到2020年实现国内生产总值和城乡居民人均收入比2010年翻一番。科技进步对经济增长的贡献率大幅上升，进入创新型国家行列。基本实现工业化，信息化水平大幅提升，城镇化质量明显提高，农业现代化和社会主义新农村建设成效显著，区域协调发展机制基本形成。对外开放水平进一步提高，国际竞争力明显增强。

人民生活水平全面提高。基本公共服务均等化总体实现。教育现代化基本实现。就业更加充分，收入分配差距缩小，中等收入群体持续扩大，扶贫对象大幅减少。社会保障全民覆盖，人人享有基本医疗卫生服务，住房保障体系基本形成，社会和谐稳定。

资源节约型、环境友好型社会建设取得重大进展。主体功能区布局基本形成，资源循环利用体系初步建立。单位国内生产总值能源消耗和二氧化碳排放大幅下降，主要污染物排放总量显著减少。森林覆盖率提高，生态系统稳定性增强，人居环境明显改善。

全面建成小康社会宏伟目标的实现，谱写了中华民族伟大复兴中国梦的新华章，我们这个历史悠久的文明古国和发展中的社会主义大国，成为工业化基本实现、综合国力显著增强、国内市场总体规模位居世界前列的国家。

资料链接

近年来，广西柳州融安县以“乡村美颜助振兴”为主题，按照“五个一”（一产业、一树、一花、一果、一色调）新农村风貌目标，加快推进村庄规划，实施人居环境整治提升行动，打造“屯屯有特色、村村皆风景”的融安特色新农村风貌。2021年，融安县紧紧围绕乡村振兴“二十字”方针，实施乡村建设行动，大力开展“三清三拆”和农村“厕所革命”，完成860个全域基本整治型村庄建设和三柳高速沿线8个村11个自然屯特色风貌塑造改造，乡村风貌不断提升，助推美丽乡村建设，稳步推进乡村振兴。

自乡村风貌改造和农村人居环境整治工作启动以来，融安县大良镇良北村年洞屯扎实开展“三清三拆”整治工作，逐步提升村容村貌，改善人居环境，因地制宜规划实施；坚持党员先行，充分发挥党员带头和乡贤理事会作用，根据实际情况，制定村规民约、卫生保洁等管理制度，引导村民初步实现“自主管理、自我约束、自助服务”的村民自治机制。

现今，年洞屯的村容村貌发生了翻天覆地的变化，房屋整齐划一，道路平坦，路灯明亮，村容整洁，清澈的山泉水穿屯而过，新建的同心文化广场成为了周边群众的网红打卡点。

二、贯彻新发展理念，全面建成小康社会

实现中华民族伟大复兴的中国梦，不断提高人民生活水平，必须坚定不移把发展作为党执政兴国的第一要务，坚持解放和发展社会生产力，坚持和完善社会主义基本经济制度，推动经济高质量发展。为此，需要贯彻新发展理念，建设现代化经济体系。

资料链接

创新、协调、绿色、开放、共享的发展理念，深刻揭示了实现更高质量、更有效率、更加公平、更可持续发展的必由之路。

（一）中国特色的农业现代化道路

中国特色的农业现代化道路主要包括哪些方面？

农业是国民经济的基础，是人类的衣食之源和生存之本。农业的存在和发展为人类的生存和发展提供了可靠、稳定的生活资料来源；农业是工业等其他物质生产部门与一切非物质生产部门存在和发展的必要条件；是支撑整个国民经济不断发展与进步的保障。农业的基础地位是否巩固，关系到人民的切身利益、社会的安定和整个国民经济的发展，也关系到我国在国际竞争中能否保持独立自主地位的大问题。

巩固农业在国民经济中的基础地位，解决好农业农村农民问题，关键是实现农业现代化。中国特色的农业现代化道路主要包括三个方面：

第一，建立健全城乡融合发展体制机制和政策体系，实现城乡发展一体化。实现农业现代化有利于增加农民收入，提高农村居民的生活质量。要加大统筹城乡发展力度，增强农村发展活力，逐步缩小城乡差距，促进城乡共同繁荣。坚持

资料链接

云南镇雄县1986年就被列为国家重点扶持特困县，农村贫困发生率一度高达91.03%。到2016年，全县171万人口中，确认的建档立卡贫困人口仍有56万，30个乡镇（街道）中有20个贫困乡镇，263个村（社区）中有235个贫困村。

为啃下贫困的“硬骨头”，镇雄在“五个精准”上狠下功夫：完成全县32万户143万农村常住人口全覆盖调查，精准识别贫困户；建立县级脱贫攻坚项目库，精准实施项目；规划易地扶贫搬迁、农村危房改造、产业扶贫等11个项目，做到精准到村到户；统筹整合专项扶贫资金、涉农资金、挂钩帮扶资金等，强化监管，精准使用；推动各级扶贫干部常态化入户走访，根据贫困户实际情况精准制定237个村的到户到人帮扶方案。

2020年，镇雄公示退出贫困县，在脱贫攻坚期间，解决了全县贫困群众出行难、喝水难、用电难、通信难、就医难、上学难、住房难等问题，脱贫群众精神面貌焕然一新，兑现了“全面建成小康社会，一个都不能少”的庄严承诺。

工业反哺农业、城市支持农村和多予少取放活方针，加大强农惠农富农政策力度，让广大农民平等参与现代化进程、共同分享现代化成果。

第二，实施乡村振兴战略。按照产业兴旺、生态宜居、乡风文明、治理有效、生活富裕的总要求，坚持农业农村优先发展。要加强农村基层基础工作，健全自治、法治、德治相结合的乡村治理体系。培养造就一支懂农业、爱农村、爱农民的“三农”工作队伍。

第三，实现农业生产方式现代化。构建现代农业产业体系、生产体系、经营体系，发展农村集体经济，完善农村基本经营制度，发展多种形式适度规模经营，培育新型农业经营主体，健全农业社会化服务体系，实现小农户和现代农业发展有机衔接。促进农村一二三产业融合发展，支持和鼓励农民就业创业，拓宽增收渠道。

（二）中国特色的新型工业化道路

工业主导作用主要表现在什么方面？
中国特色的新型工业化道路是什么？

工业是国民经济的主导，这种主导作用主要表现在：工业是国民经济各部门进行技术改造的基础；工业为国民经济各个部门提供能源、动力和原材料；工业是国家财政收入、出口创汇和积累资金的主要来源；工业是满足人民日益增长的美好生活需要的重要手段；工业是加强国防现代化的重要条件。

我国人口多、劳动力资源丰富；处于信息经济时代，又受资源环境的约束。这就决定了我们必须走一条中国特色的新型工业化道路，即坚持以信息化带动工业化，以工业化促进信息化，走一条科技含量高、经济效益好、资源消耗低、环境污染少、人力资源优势得到

名词点击

工业化就是用机器体系取代手工劳动的过程，它是指一个国家和地区的社会生产活动由农业生产为主转向工业生产为主的社会发展过程。

信息化是指通过普遍采用信息技术和电子信息装备，有效地开发和利用信息资源，增进国民经济各部门之间、部门内部以及企业间的信息沟通和交流，促进企业技术改造，使企业的发展更适应新技术发展和不断变化的市场需求。

充分发挥的工业化道路。加快建设制造强国，加快发展先进制造业，推动互联网、大数据、人工智能和实体经济深度融合，培育若干世界级先进制造业集群。

科技含量高、经济效益好是指必须发挥科学技术作为第一生产力的重要作用，同信息化等现代高科技发展紧密结合，注重依靠科技进步，鼓励科技创新，提升技术基础，积极发展高新技术产业，大力推进工业内部结构优化升级，改善经济增长的质量和效益。

资源消耗低、环境污染少是指必须把可持续发展放在十分突出的地位，坚持保护环境和保护资源的基本国策，合理开发和节约使用各种自然资源，提高资源利用率，加强生态管理，减少污染，走一条经济发展与资源环境相协调的工业化道路。

人力资源优势得到充分发挥是指大力实施科教兴国战略，依靠教育培养人才，使我国丰富的人力资源转化为雄厚的人力资本，大力发展资金密集型产业的同时，发展、改造、提升劳动密集型产业，促进经济发展同保障劳动者就业的有机结合。

（三）产业结构的调整与优化

什么是产业结构？

产业结构发展的趋势是什么？

产业结构是指国民经济各产业的组合状态以及它们之间的相互联系和比例关系。产业结构按照生产部门产品的最终用途可划分为生产资料生产和消费资料生产两大部类；按产业部门的性质可划分为农业、轻工业、重工业；按经济发展顺序可划分为第一产业、第二产业、第三产业。

产业结构发展的趋势为：第一产业呈不断减少的趋势，第二产业先是迅速增加，然后趋于稳定，第三产业则呈不断上升的趋势。

长期以来，由于多种因素的影响，我国产业结构不合理的问题较为突出。随着供给侧结构性改革深入推进，我国经济结构不断优化，数字经济等新兴产业蓬勃发展，高铁、公路、桥梁、港口、机场等基础设施建设快速推进，农业现代化稳步推进。

资料链接

第一产业是指广义的农业，包括种植业、畜牧业、渔业和林业等；第二产业是指广义的工业，包括制造业、采掘业、建筑业等；第三产业是指广义的服务业，如运输业、通讯业、商业贸易、金融业、旅游业、饮食业、仓储业、房地产业、文化产业等。

名词点击

供给侧结构性改革就是从提高供给质量出发，用改革的办法推进结构调整，矫正要素配置扭曲，扩大有效供给，提高供给结构对需求变化的适应性和灵活性，提高全要素生产率，更好地满足广大人民群众的需要，促进经济社会持续健康发展。

在全面建设社会主义现代化国家新征程中，我们要继续深化供给侧结构性改革，把发展经济的着力点放在实体经济上，把提高供给体系质量作为主攻方向，显著增强我国经济质量优势。加快发展先进制造业，培育新增长点，支持传统产业优化升级，加快发展现代服务业，加强基础设施网络建设。坚持去产能、去库存、去杠杆、降成本、补短板，优化存量资源配置，扩大优质增量供给，实现供需动态平衡。

资料链接

神威·太湖之光超级计算机是由国家并行计算机工程技术研究中心研制、安装在国家超级计算无锡中心的超级计算机。2016年，国际TOP500组织公布的最新超级计算机性能世界排行榜上，中国神威·太湖之光荣登榜首。中国自主研制的“神威·太湖之光”超级计算机峰值性能达每秒12.5亿亿次，成为世界首台运行速度超10亿亿次的超级计算机。

（四）区域经济协调发展

我国地区经济发展不平衡主要表现是什么？
如何推动区域经济协调发展？

由于我国地域辽阔，自然条件、地理环境、历史文化背景差异大，经济总体水平低，交通运输条件差，地区间经济发展不平衡问题更为突出。我国地区经济发展不平衡主要表现在：经济发展存在三个不同层次的地带，即东部沿海经济比较发达地区，中部经济欠发达地区和西部经济不发达地区。

应实施区域协调发展战略缩小区域发展差距。同时必须加大力度支持革命老区、民族地区、边疆地区、贫困地区加快发展，强化举措推进西部大开发形成新格局，深化改革加快东北等老工业基地振兴，发挥优势推动中部地区崛起，创新引领率先实现东部地区优化发展，建立更加有效的区域协调发展新机制。

东北地区要加快产业结构调整和国有企业改革改组改造，发展现代农业，着

活动平台

中部地区崛起

目　　标：深入了解中部地区崛起的意义，明确中部地区崛起的战略目标和自己的责任，树立为祖国建设事业作奉献的决心。

步　　骤：课前分 4 组，布置围绕“中部的历史与现状”“中部的未来与发展”两大主题，搜集材料，写出交流稿；稿件要阐述实施中部崛起的意义和目标，明确自己的责任。各组推荐代表发言，教师总结评价。

资料链接

西部大开发总的战略目标是：经过几代人的努力，到 21 世纪中叶全国基本实现现代化时，从根本上改变西部地区相对落后的面貌，努力建成一个山川秀美、经济繁荣、社会进步、民族团结、人民富裕的新西部。

资料链接

鸟瞰雄安新区

2017 年 4 月 1 日，中共中央、国务院印发通知决定设立河北雄安新区。

雄安新区规划范围涉及河北省雄县、容城、安新 3 县及周边部分区域，地处北京、天津、保定腹地，区位优势明显、交通便捷通畅、生态环境优良、资源环境承载能力较强，现有开发程度较低，发展空间充裕，具备高起点高标准开发建设的基本条件。雄安新区规划建设以特定区域为起步区先行开发，起步区面积约 100 平方公里，中期发展区面积约 200 平方公里，远期控制区面积约 2000 平方公里。

资料链接

我国三大经济圈是指长三角、珠三角和环渤海。三大经济圈各有规模，定位也不相同。

珠三角经济圈即珠江的出口处，水陆交通发达、海外联系便捷，是内地沿海南部通向世界的重要门户地区。珠三角经济圈以广州、深圳为中心实现了快速城市化，形成了“外向导入式”为主的发展模式，表现出多中心、高强度、聚集式的城市群发展形态。

长三角经济圈紧临东海，为我国长江的出口处。长江三角洲形成了以上海、杭州、宁波、苏州、南京为核心的城市群，是我国城市化程度最高、城镇分布最密集、经济发展水平最高的地区。其已经形成了综合性产业基地，教育科技实力雄厚，高层次人才密集，居民生活水平富裕。

环渤海经济圈通常是指环绕渤海的北京、天津、河北、山东、辽宁 5 省市，是内地北部地区通往世界的重要门户。该经济圈是中国重要的工业密集区，其中含有北京、天津两个特大型城市。该经济圈正在形成以京津为双核带动周边乃至整个三北地区发展的态势，是促动中国经济发展的重要增长极。

力振兴装备制造业，促进资源枯竭型城市经济转型，在改革开放中实现振兴。

中部地区要抓好粮食主产区建设，发展有比较优势的能源和制造业，加强基础设施建设，加快建立现代市场体系，在发挥承东启西的优势中崛起。

东部地区要努力提高创新能力，加快实现结构优化升级和经济发展方式的转变，提高外向型经济水平，增强国际竞争力和可持续发展能力。

实现区域经济协调发展，还需要形成若干带动力强、联系紧密的经济圈和经济带，以城市群为主体构建大中小城市和小城镇协调发展的城镇格局。以疏解北京非首都功能为“牛鼻子”推动京津冀协同发展，高起点规划、高标准建设雄安新区，以共抓大保护、不搞大开发为导向推动长江经济带发展。

总之，西部大开发、振兴东北、中部崛起、东部率先发展的区域经济发展战略，体现了统筹协调发展的要求，有利于形成东中西优势互补、良性互动的区域协调发展机制。

三、面向未来的必然选择

（一）转变经济发展方式

经济增长方式的类型是什么？
转变经济发展方式的关键是什么？

经济增长是指一个国家或地区在一定时期内因就业人数增加、资金积累和技术进步等原因，经济规模（包括物品和劳务）在数量上的扩大和增加，它反映了一国国民经济总量变化的状况。

经济增长方式有两种不同的类型：一种是粗放型增长方式，另一种是集约型增长方式。粗放型增长方式是指单纯以数量的增长为中心的外延式增长方式，效益相对低下；而集约型增长方式是指以提高经济发展质量和经济效益为中心的内涵式增长方式，效益相对较高。通过集约型增长实现的才是经济发展。

转变经济发展方式不仅仅要使经济增长方式实现集约化，还包括促动经济发展的因素发生转变。转变经济发展方式的关键在于实现“三个转变”：

资料链接

经济发展与经济增长是密不可分的，一方面，经济增长是推动经济发展必要的物质条件，没有经济增长就没有经济发展；另一方面，经济发展又不等同于经济增长，单纯的经济增长可能会出现“只增长不发展”的现象，即只有经济量的增加而没有经济结构的优化、经济质量和效益的提高以及人民的普遍受益。

一是实现经济增长由主要依靠投资、出口拉动向依靠消费、投资、出口协调拉动转变。

二是实现经济增长由主要依靠第二产业带动向依靠第一、第二、第三产业协同带动转变。要巩固第一产业，提升第二产业，做大第三产业。

三是实现经济增长由主要依靠增加物质资源消耗向主要依靠科技进步、劳动者素质提高、管理创新转变，加快建设创新型国家。

总之，随着改革开放以来持续的高增长，近年中国经济发展已经进入新常态，更需要加快转变经济发展方式，着力解决制约经济持续健康发展的重大问题。

建设社会主义现代化经济体系是我国发展的战略目标，也是转变经济发展方式、优化经济结构、转换经济增长动力的迫切要求。

名词点击

创新型国家的主要标志是，科技和人才成为国力强盛最重要的战略资源，劳动生产率、社会生产力提高主要依靠科技进步和全面创新，拥有一批世界一流的科研机构、研究型大学和创新型企业，创新的法律制度环境、市场环境和文化环境优良。创新型国家的本质是依靠创新活动推动经济发展和竞争力提高，其测度指标主要体现在创新资源、知识创造、企业创新、创新绩效、创新环境等方面。

名词点击

新常态：2014年11月9日，习近平总书记在亚太经合组织工商领导人峰会开幕式上的演讲指出，中国经济呈现出新常态，有以下几个主要特点：一是从高速增长转为中高速增长；二是经济结构不断优化升级，第三产业、消费需求逐步成为主体，城乡区域差距逐步缩小，居民收入占比上升，发展成果惠及更广大民众；三是从要素驱动、投资驱动转向创新驱动。

（二）建设资源节约型和环境友好型社会

什么是资源节约型和环境友好型社会？

如何建设资源节约型和环境友好型社会？

资源节约型社会是指，在生产、流通、消费各领域各环节，通过采取技术和管理等综合措施，厉行节约，不断提高资源利用效率，以尽可能少的资源消耗和环境代价满足人们日益增长的美好生活需要的发展模式。

环境友好型社会，一是指全社会都采取有利于环境保护的生产方式、生活方式和消费方式，建立人与环境良性互动的关系；二是指良好的环境也会促进生产、改善生活，实现人与自然的和谐。两个方面相辅相成，互为促进。

建设资源节约型、环境友好型社会，必须在全社会牢固树立生态文明观念，在全体公民中强化环境就是资源，环境就是资本，破坏环境就是破坏生产力，保护环境就是发展生产力的环保意识。在全社会形成了解国情、珍爱环境、保护生态、崇尚自然、节约资源、造福后代的共识，使生态文明观念成为14亿中国人共同的价值观念和自觉行动。

建设资源节约型、环境友好型社会，转变经济发展方式是关键。必须把产业结构调整与节约资源和保护生态环境结合起来，走中国特色新型工业化道路，大力发展循环经济，推进产业结构优化升级，加快转变经济发展方式，逐步改变产业结构不合理、经济发展方式粗放的状况，达到经济发展和环境保护的双赢。

建设资源节约型、环境友好型社会，还必须开发和推广节约、替代、循环利用的先进适用技术，发展清洁能源和可再生能源，保护土地和水资源，建设科学合理的能源资源利用体系，提高能源资源利用效率。

建设资源节约型、环境友好型社会，建设生态文明是全社会共同的理念，也是全社会共同的责任。坚持人与自然和谐共生，坚持节约资源和保护环境的基本国策，像对待生命一样对待生态环境，统筹山水林田湖草系统治理，实行最严格的生态环境保护制度，形成绿色发展方式和生活方式，坚定走生产发展、生活富裕、生态良好的文明发展道路，建设美丽中国，为人民创造良好生产生活环境，为全球生态安全作出贡献。

资料链接

北方治理雾霾

治理雾霾最主要的方法是减少有害污染物排放。各种化石能源的大规模使用是造成雾霾天气的最主要原因。

为了应对大气污染，2013 年 9 月，国务院印发了通知——《大气污染防治行动计划》（大气十条）。经过多年的努力，大气污染得到了有效的控制。

从“大气十条”到《打赢蓝天保卫战三年行动计划》，中央到地方、各地区各部门，在控煤、治污、管车、降尘等领域都采取了很多强有力的措施。2020 年年初，生态环境部通报三大重点区域 2019—2020 年秋冬季环境空气质量目标完成情况：京津冀及周边地区“2+26”城市、长三角地区、汾渭平原均超额完成 PM2.5 平均浓度降幅、重污染天数下降目标。

第7课

对外开放的基本国策

案例引导

2001 年，中国加入世界贸易组织，标志着中国对外开放进入新阶段。从经济特区到开放 14 个沿海港口城市；从上海浦东新区到设立自由贸易试验区，中国对外开放区域布局不断优化。2021 年上半年，21 个自贸试验区实际使用外资 1008.8 亿元，以不到全国千分之四的国土面积吸引了全国近 17% 的外资，打造成为引领中国新时代对外开放的鲜明旗帜和重要开放门户。

在 WTO 框架下，中国累计与 26 个国家和地区签署 19 个自贸协定，特别是 2020 年签署的区域全面经济伙伴关系协定（RCEP），覆盖 15 个成员国，囊括了东亚和南太地区的主要国家，GDP 总量达 26.2 万亿美元，是全球规模最大、最具发展潜力的自贸区。中国—东盟东增区第二次部长级会议审议通过了《中国—东盟东部增长区合作行动计划（2020—2025）》，进一步加强“一带一路”倡议，深化贸易投资、基础设施、互联互通、经贸合作区、人力资源等领域合作，为推动区域乃至全球经济发展注入新的动力。

开放是当代中国的鲜明标识，是国家繁荣发展的必由之路。未来的中国，必将以更加开放的姿态拥抱世界，必将同世界形成更加良性的互动，带来更加进步繁荣的中国和世界。

什么是经济全球化?

面对经济全球化，我国采取了哪些措施？

一、面对经济全球化

（一）经济全球化的主要表现

经济全球化表现在哪些方面？
对广大发展中国家而言，经济全球化中应注意什么？

当今世界是开放的世界，中国的发展离不开世界，世界的发展也需要中国。经济全球化已经成为一个世界性的潮流。

经济全球化的表现是多方面的，其中最主要的是生产全球化、贸易全球化和资本全球化。

生产全球化。随着科学技术的发展，生产领域的国际分工与协作不断深化、加强，世界各国的生产相互联系、相互协作，各国的生产活动成为世界生产链条中的一个环节。许多商品（如汽车、计算机），虽然品牌是某公司的，其实是许多国家共同协作完成的。

名词点击

经济全球化，是指商品、劳务、技术、资金在全球范围内流动和配置，使各国经济日益相互依赖、相互联系的趋势。

资料链接

美国波音“747”喷气式飞机，共有450万个零部件，它们由分布在8个国家的1100个大型企业和15000个中小企业协作生产，最后由美国组装而成。美国“朋蒂亚克·莱曼”牌小汽车，在德国设计，在澳大利亚制造发动机，美国、加拿大合作生产变压器，日本生产车身薄板，新加坡提供无线电设备，而韩国供应电器设备和轮胎，是名副其实的“万国车”。许多国家共同完成一件产品，整个地球俨然一个大工厂。

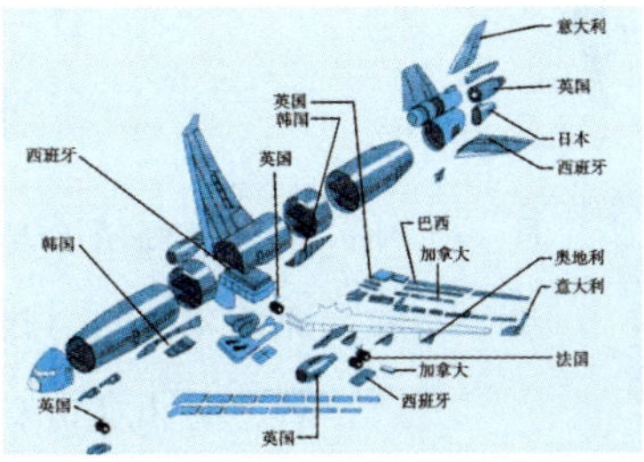

资料链接

上海自贸区

中国（上海）自由贸易试验区［China （Shanghai） Pilot Free Trade Zone］，简称上海自由贸易区或上海自贸区，是中国政府设立在上海的区域性自由贸易园区，位于浦东境内，属中国自由贸易区范畴。2013 年 9 月 29 日中国（上海）自由贸易试验区正式成立，面积 28.78 平方公里，涵盖上海市外高桥保税区、外高桥保税物流园区、洋山保税港区和上海浦东机场综合保税区等 4 个海关特殊监管区域。

截至 2020 年 3 月，上海自贸区累计新设立企业 6.4 万户，6 年多来新设企业数是前 20 年同一区域企业数的 1.8 倍；新设外资企业 1.2 万户，占比从自贸区挂牌初期的 5% 上升到 20% 左右。上海自贸区成立以来，推出了“负面清单”“准入前国民待遇”“自由贸易账户”“证照分离”等一百多项制度创新，涌现出许多因制度创新、机制创新的成功实践激活生产力的故事。上海自由贸易实验区已成为世界自由贸易区联合会荣誉会员。

贸易全球化。随着各国对外开放程度的提高，世界各国都被卷入国际商品交换之中。国际贸易规模迅速扩大，参与交换的种类越来越多，从一般商品到各类服务都进入了交易范围。

资本全球化。伴随着生产和贸易的全球化，资本的触角伸向全球，资本在国

活动平台

贸易保护主义研讨

目　　标：搜索与经济全球化和区域一体化有关的材料。

步　　骤：课前 4 分组，谈谈你对经济全球化与贸易保护主义的理解。搜集材料，写出交流稿；各组推荐代表发言。

际间的流动速度不断加快。

随着经济全球化深入发展，各国之间的相互联系和依存日益加深，世界越来越变成一个鸡犬相闻、休戚与共的“地球村”。

（二）坚持对外开放的基本国策

我国为什么要实行对外开放？

对外开放对我国现代化建设的作用是什么？

对外开放是积极开展国际交流的对外政策。开展国际交流，包括经济、政治、文化、体育等许多方面，其中最主要的是对外经济关系，它是各方面开放的基础。社会主义制度是适应社会化大生产的客观要求而产生的，社会主义国家必须遵循社会化大生产自身发展的客观要求，参与国际分工和国际交换。我国实行对外开放的必要性在于：

第一，实行对外开放是适应生产社会化特别是经济全球化的客观要求。新科技革命的蓬勃兴起，使社会生产力得到极大提高，国际分工进一步加强，国与国之间的经济联系，从原有的商品交换广泛渗透到生产协作、技术、信息交流、资金融通和劳务合作等各个领域。发展对外经济关系有利于参与国际分工，开拓世界市场，使生产要素得到有效配置，更好地发展经济。

第二，实行对外开放是发展市场经济的内在要求。现代市场经济已经成为一种以国家分工和国际生产为基础，以国际资本和国际金融为纽带，以国际交换为形式的市场经济。这种态势要求我国的市场经济与全球的市场经济接轨，所有的企业都必须参与国际竞争，以做到节约社会劳动，提高我国经济发展效益。

第三，实行对外开放是加快现代化建设步伐的要求。我国是一个发展中的社会主义国家，人口多、耕地少、自然资源不足；生产力发展起点低、技术基础比较薄弱；多年来经济体制存在弊端，经济发展比较缓慢。为了争取在较短时间内使我国经济迈进世界先进行列，需要发展与国外经济技术合作，解决我国经济建设急需的资金与先进技术等问题。

通过实行对外开放，我国迎来了前所未有的发展机遇。通过实行对外贸易，为我国现代化建设积累了资金，推动了技术创新，扩大了劳动就业，促进了经济发展。通过利用外资，弥补了我国国内建设资金的不足，加快了我国经济建设的步伐，增加了财政收入，促进了外贸发展。通过引进技术，避免了企业漫长的摸索过程，节省了研究和试验经费，增强了企业实力，促进了企业发展。对外开放已经成为我国长期坚持的一项基本国策。

二、加强国际经济竞争与合作

（一）全面提高开放型经济水平

什么是开放型经济？

如何全面提高我国开放型经济水平？

改革开放以来，我国对外开放的广度和深度都在不断增加，对外经济呈现加速发展态势。我国的对外开放，从设立深圳、珠海、汕头、厦门经济特区，到开放大连、青岛等 14 个沿海港口城市；从设立上海浦东新区，到 2013 年 9 月中国第一个自由贸易试验区——上海自贸试验区挂牌，中国对外开放区域布局不断优化。随后，广东、天津、福建、辽宁、山东等自贸试验区相继设立，2021 年 6 月审议通过了《中华人民共和国海南自由贸易港法》。中国的自由贸易试验区从无到有、由点到面，生动体现了中国全面深化改革的地方探索和顶层设计相结合的思路。随着开放区域的不断扩大，开放的领域也不断扩宽，实现了从贸易到投资、从货物贸易到服务贸易的领域扩宽。我国逐步形成了全方位、多层次、宽领域的对外开放格局，开放型经济水平显著提高，国际竞争力明显增强。我国正在以开放的崭新姿态在世界经济舞台上发挥着越来越重要的作用。为适应经济全球化新

资料链接

“一带一路”是“丝绸之路经济带”和“21 世纪海上丝绸之路”的简称。“一带一路”旨在借用古代丝绸之路的历史符号，高举和平发展的旗帜，积极发展与沿线国家的经济合作伙伴关系，共同打造政治互信、经济融合、文化包容的利益共同体、命运共同体和责任共同体。

资料链接

我国设立多个自由贸易试验区

中国自由贸易区是指在国境内关外设立的，以优惠税收和海关特殊监管政策为主要手段，以贸易自由化、便利化为主要目的的多功能经济性特区。原则上是指在没有海关“干预”的情况下允许货物进口、制造、再出口。中国自由贸易区是政府全力打造中国经济升级版的重要的举动，其力度和意义堪与20世纪80年代建立深圳特区和90年代开发浦东两大事件相媲美，其核心是营造一个符合国际惯例的，对内外资的投资都具有国际竞争力的国际商业环境。

我国已经设立多个自由贸易区。2013年9月27日，国务院批复成立中国（上海）自由贸易试验区。2015年4月20日，国务院批复成立中国（广东）自由贸易试验区、中国（天津）自由贸易试验区、中国（福建）自由贸易试验区。2017年3月31日，国务院批复成立中国（辽宁）自由贸易试验区、中国（浙江）自由贸易试验区、中国（河南）自由贸易试验区、中国（湖北）自由贸易试验区、中国（重庆）自由贸易试验区、中国（四川）自由贸易试验区、中国（陕西）自由贸易试验区。2018年6月，海南省委、省政府决定设立海口江东新区，将其作为建设中国（海南）自由贸易试验区的重点先行区域。

形势，我国必须实行更加积极主动的开放战略，完善互利共赢、多元平衡、安全高效的开放型经济体系。

为了全面提高我国开放型经济水平，建设更高水平开放型经济新体制，要做到以下几个方面：

一是推动产业扩大开放。健全外商投资准入前国民待遇加负面清单管理制度，实行高水平贸易和投资自由化便利化政策，大幅度放宽市场准入，在更多领域允许外资控股或独自经营，扩大利用外资规模，优化利用外资结构，提高利用外资质量和水平等。

二是拓展对外贸易多元化。包括优化国际市场布局，综合考虑市场规模、贸易潜力、消费结构、产业互补、国别风险等因素，引导企业开拓一批重点市场。鼓励行业龙头企业提高国际化经营水平，深度融入全球供应链、产业链、价值链、创新链。推动中小企业聚焦主业、转型升级，走“专精特新”国际化道路等。

三是健全促进对外投资政策和服务体系。创新对外投资方式，聚焦重点国别和领域，优化国别产业布局，培育一批发展前景好、功能定位准的境外经贸合作区等。

四是推动制度型开放。主要是在国际经贸规则、规制、管理、标准等方面加强开放合作。

五是完善涉外经贸法律和规则体系。

（二）坚持发展对外经济关系的原则

在对外开放中如何维护国家的经济安全？

独立自主、自力更生与对外开放的关系是什么？

我国实行对外开放，发展对外经济关系，在享受经济全球化带来的好处的同时，也必然将面对经济全球化带来的诸多风险。我们应当正确认识和对待开放条件下的经济现象，增强民族自尊心和自信心，自强自立，才能抵御风险，维护国家经济安全。

在对外开放中，经济安全涉及国家的整体利益和长远利益，关系国家经济主权的独立和民族经济的发展。经济安全产生的缘由：一是国际贸易的不平等，二是外资引进的不适当。

维护国家的经济安全，必须充分考虑到各种现实情况，增强忧患意识和风险意识，通过坚持改革开放，不断增强经济实力；通过进一步融入全球化过程，趋利避害；通过统筹兼顾，增强抗风险能力。只有这样，才能维护国家的经济安全。

为了更好地实行对外开放的基本国策，我国在发展对外经济关系中，在维护好国家经济安全的同时，还要坚持独立自主、自力更生

名词点击

独立自主、自力更生是指，在坚持政治独立和经济自主的基础上，从本国具体情况出发，主要依靠本国人民的力量，充分利用自己的资源和资金，发展本国经济。

的原则，在开放型经济体制建设中增强我国经济竞争力，引领世界经济健康发展。

独立自主、自力更生与对外开放相辅相成、相互促进。一方面，独立自主、自力更生是对外开放的前提和基础。自中华人民共和国成立70多年来，我国坚持独立自主、自力更生的方针，形成了一个独立的、强大的国民经济体系，保证了我国平等地与一切国家发展经济关系，维护国家的根本利益，保护国家的经济安全。如果不把立足点放在依靠本国力量的基点上，单纯依靠外力、迷信外国，将会十分有害，不是政治上难以保持独立，就是经济上受到控制。

另一方面，对外开放是增强自力更生能力的重要途径。坚持自力更生绝不意味着闭关锁国，也不意味着降低对外开放的重要地位。排斥与国外经济往来，拒绝吸收当今世界各国、包括资本主义发达国家的文明成果，只会阻碍经济的发展，进而削弱自力更生的能力。反之，我国由于实行对外开放政策，推动了经济的发展，大大增强了我国自力更生的能力。

探究实践

一、材料分析

20世纪90年代初，是中国改革开放最具历史意义的时期。随着国门的打开，大量进口车涌入市场，整个中国汽车工业面临巨大的挑战。作为新中国汽车工业的长子，中国一汽迈出了与国外汽车厂商合资经营的历史性步伐。1991年2月6日，中国的一汽汽车集团与德国的大众汽车集团合作，一汽—大众汽车有限公司正式成立。在中国民族汽车工业面临生死抉择的关头，一汽—大众的诞生，大大加快了中国汽车工业发展进程，为中国汽车工业写下了浓墨重彩的一笔。

1991年12月5日，第一辆捷达A2轿车在一汽轿车厂组装下线。从此，中国轿车工业真正进入了大规模生产时代，也开启了中国私家车时代的到来。

2014年10月11日，在20年的成功合作之后，大众汽车集团与合作伙伴一汽集团决定延长合资企业合作至2041年。

成为“中国最优秀的汽车合资企业”和“员工眼中最具吸引力的公司”，是一汽—大众一直以来的企业愿景。所谓的最优秀不仅仅代表为客户提供卓越的产品，满足人们的出行要求，更重要的是通过先进的技术、精湛的制造工艺、环保的理念，创造一个人、车、社会和谐发展的交通系统，实现真正的可持续发展。

（1）以上材料说明了什么问题?

（2）中外合资企业的出现对我国经济产生了什么影响?

二、阅读思考

钢铁产业曾是河北的看家产业，但钢厂大烟囱冒出的滚滚浓烟让附近居民苦不堪言，高耗能、高污染的发展路子给生态环境带来了沉重负担。2013年中央再下硬指标，要求河北在未来5年压减钢铁产能6000万吨。环境就是民生、指标就是命令，河北发出了“淘汰落后产能、压缩过剩产能”的号令，决心走出一条产业转移、产能合作的新路子。

2018年，全省高新技术产业增加值增长15.3%，快于规模以上工业增速。如今，河北装备制造业增加值比重超过钢铁工业，战略性新兴产业成为工业发展新引擎；污染天数逐渐减少，老百姓获得感逐步增强。

（1）上述消息反映了市场经济有什么弊端？

（2）你认为怎样才能解决这样的问题？

三、探讨回答

2016 年 3 月，西藏首个易地扶贫搬迁安置点在曲水县达嘎乡三有村动工。按照“有房子、有产业、有健康”的三有要求，统一规划，配套建设了水、电、路、讯等基础设施和村委会、幼儿园、卫生室等公共服务设施，同步建设了奶牛和藏鸡养殖、药材种植等产业。2016 年 7 月，来自曲水县 3 个乡 10 个村的 184 户 712 名贫困群众，陆续搬进了三有村新家，产业项目也同步投产。三有村现已养殖藏鸡 1 万只、奶牛 200 头，建成中藏药材、饲草作物种植基地 365 亩。设立公益岗位、园区就业岗位，提供给 326 个贫困人口。

按照规划，“十三五”期间，全国有近 1000 万的建档立卡贫困人口需要通过易地扶贫搬迁摆脱贫困。三有村易地搬迁安置点建设的做法，为其他地区提供了有益的借鉴。

（1）上述材料中，曲水县达嘎乡易地搬迁的措施有什么值得借鉴的地方？

（2）结合相关政策说明精准扶贫的意义。

四、判断分析

在讨论会上，同学们就对外经济关系在发展中国家的作用问题有两种不同的认识。

甲观点认为：经济发达国家，劳动生产率高，通过国际交换可以取得更多的利益；而发展中国家，科技水平低，在国际交换中处于不利地位。所以，对外经济关系对发达国家有利，而发展中国家不可能通过对外经济关系，赶上经济发达的资本主义国家。

乙观点认为：通过对外经济关系，特别是资金引进和技术引进，可以提高发展中国家的科技水平，使本国落后的技术获得跳跃式、跨越式发展，使本国经济增长速度成倍地提高，这是发达国家不能做到的。所以，任何经济落后的国家，只要通过发展对外经济关系，就能赶上世界先进水平。

运用所学的知识和搜集到的资料，分析上述两种观点。

第三单元

拥护社会主义政治制度

学习目标

1. 认知：明确认识人民代表大会制度是适合我国国情的政权组织形式，是我国的根本政治制度，中国共产党领导的多党合作和政治协商制度、民族区域自治制度、基层群众自治制度，都是适合我国国情的基本政治制度。
2. 态度：认同我国社会主义政治制度的特点和优势。确立主人翁意识，提高自己的政治素质，树立为建设有中国特色的社会主义事业而奋斗的政治责任感。
3. 运用：正确观察、分析社会以及国内外常见的政治现象，确立自己的政治方向，坚定自己的政治立场，用实际行动维护我国的社会主义政治制度。

作为中华人民共和国的公民，我们不仅拥有不断提高的物质生活水平，而且在政治生活方面也享有广泛的权利。通过本单元的学习，我们将了解人民代表大会制度、中国共产党领导的多党合作和政治协商制度、民族区域自治制度和基层群众自治制度等知识。学习和掌握这些知识，对于我们正确观察当今的国际政治现象，深刻理解我国社会主义制度的优越性，坚定正确的政治方向都具有重要的作用。

第8课

我国的社会主义政治制度

案例引导

我向总理说句话

2019年“我向总理说句话”网民建言征集活动已经是中国政府网第五年开展网民建言征集活动。自“我向总理说句话”平台开设以来，一些好的意见建议被直接送到总理的办公桌上。中国网民的电脑桌与政府总理的办公桌的距离从未如此之近。

2019年“我向总理说句话”网民建言征集活动共收到了33万多条建言。

在20个话题分类中，建言数量的前五名，第一位是经济政策，涉及宏观经济政策各个方面；第二位是营商环境；第三位是办事服务；第四位是教育；第五位是社会保障。中国政府网经过逐条梳理，精选出有代表性的七百多条建言，其中每一条都涵盖很多网友的建言。

《政府工作报告》起草组听取了社会各界特别是广大网民的意见和建议，对七百多条网民建言一条一条进行了认真梳理。有些网民反映的问题其实已经有了相关政策，关键是抓好落实，有的则是涉及地方的具体政策。扣除这些，网民的建议90%以上在《政府工作报告》中得到了体现。

- 谈谈你对“我向总理说句话”网民建言征集活动的看法。
- 关于上学、养老、住房、看病等……你对政府工作有什么意见和建议？请你向总理说句话。

8

一、人民代表大会制度

我国人民代表大会制度组织活动原则是什么？

全国人民代表大会有哪些职权？

中国特色社会主义制度是由根本制度、基本制度、重要制度构成的制度体系，这个制度体系的核心是中国共产党的领导。中国共产党的领导制度在中国特色社会主义制度体系中居于统领地位，是我国的根本领导制度。

人民代表大会制度是坚持党的领导、人民当家作主、依法治国有机统一的根本政治制度安排，必须长期坚持、不断完善。这三者的有机统一构成了中国特色社会主义民主政治的主体框架和核心内容，体现了我国社会主义民主政治的特色和优势。

资料链接

坚持和完善党的领导制度体系，是党的十九届四中全会作出的重要安排，是从制度建设层面坚持和加强党的全面领导的战略举措。习近平总书记强调："党的领导制度是我国的根本领导制度。"把党的领导制度明确为我国的根本制度，这是我们党第一次从坚持和完善中国特色社会主义制度的高度，确定党的领导制度在我国国家制度和国家治理体系中关乎长远、关乎全局的地位和作用。

党的领导制度体系由六个方面的制度组成，包括：建立不忘初心、牢记使命的制度；完善坚定维护党中央权威和集中统一领导的各项制度；健全党的全面领导制度；健全为人民执政、靠人民执政各项制度；健全提高党的执政能力和领导水平制度；完善全面从严治党制度。这六个方面的制度，构成党的领导制度体系的"四梁八柱"，为确保党总揽全局、协调各方的领导核心地位提供坚强制度保障。

（一）人民代表大会制度的含义

人民代表大会制度是指按照民主集中制原则，由人民选举人民代表组成人民代表大会，作为国家权力机关，统一管理国家社会事务的政治制度。人民代表大会制度是我国的根本政治制度。民主集中制是我国人民代表大会制度组织和活动的基本原则。

人民代表大会制度是体现我国国家性质的最好形式。《中华人民共和国宪法》明确规定："中华人民共和国是工人阶级领导的、以工农联盟为基础的人民民主专政的社会主义国家。社会主义制度是中华人民共和国的根本制度。中国共产党领导是中国特色社会主义最本质的特征。禁止任何组织或者个人破坏社会主义制度。中华人民共和国的一切权力属于人民。人民行使国家权力的机关是全国人民代表大会和地方各级人民代表大会。"一切权力属于人民是我国国家制度的核心内容和基本准则。人民代表大会制度准确地体现了人民与国家权力之间的关系：人民通过民主选举代表，组成国家权力机关，行使国家权力。人民通过人民代表大会制度，保证法律的制定和国家重大问题的决策真正集中人民的意志、代表人民的利益，这是社会主义民主政治的本质特征。

人民代表大会制度是我国的根本政治制度，其内容主要包括以下几个方面：

第一，全国人民代表大会和地方各级人民代表大会都由民主选举产生，对人民负责，受人民监督。民主选举是民主集中制的基础，选举权和被选举权是人民行使国家权力的重要标志。

资料链接

国体即国家性质，指社会各阶级在国家中的地位。一个国家的政权机关的组织形式，叫做政体。在我国，同人民民主专政的国体相适应的政权组织形式，就是实行民主集中制的人民代表大会制度。

民主集中制是指民主基础上的集中和集中指导下的民主相结合，民主原则和集中原则两个方面结合成一个有机统一的整体。一方面，民主是集中的前提和基础，发扬民主，才能制定符合人民意愿的方针政策；另一方面，在民主的基础上又必须进行必要的集中，才能确保民主的社会主义方向。

资料链接

我国的中央国家机关包括：全国人民代表大会、国家主席、国务院、中央军事委员会、国家监察委员会、最高人民法院、最高人民检察院。全国人民代表大会是国家最高权力机关，国家主席是国家元首，国务院是国家最高行政机关，中央军事委员会是国家最高军事机关，国家监察委员会是最高监察机关，最高人民法院和最高人民检察院是国家的司法机关。我国的地方国家机关分三级：省、自治区、直辖市级国家机关——市、（区）县级国家机关——乡（镇）级国家机关。

第二，我国宪法规定了人民代表大会及其常务委员会的职权。人民代表大会及其常务委员会集体行使国家权力，集体决定问题，严格按照民主集中制的原则办事。全国性的重大问题经过全国人民代表大会及其常务委员会讨论和决定，地方性的重大问题经过地方人民代表大会及其常务委员会讨论和决定。

第三，国家行政机关、监察机关、审判机关、检察机关都由人民代表大会产生，对它负责，受它监督。

第四，中央和地方国家机构职能的划分，遵循在中央统一领导下，充分发挥地方的主动性、积极性的原则。全国人民代表大会和地方各级人民代表大会各自

名词点击

立法权是指制定法律的权力。全国人民代表大会及其常委会行使国家立法权。省、直辖市的人大及其常委会在不与宪法、法律、行政法规相抵触的前提下，可以制定地方性法规，但须报全国人大常委会备案。

决定权是指宪法和法律赋予各级人大和县级以上各级人大常委会依照法定的程序决定国家和社会或本行政区域内重大事项的权力。

任免权是指各级人大及其常委会对相关国家机关领导人员及其组成人员进行选举、任命、罢免、免职、撤职等权力。

监督权是指各级人大按照宪法和法律赋予的权力，监督宪法和法律的实施，监督“一府一委两院”工作的权力。

按照法律规定的职权，分别审议决定全国的和地方的大政方针。

全国人民代表大会是最高国家权力机关。全国人民代表大会及其常务委员会行使立法权、决定权、任免权和监督权。代表人民行使管理国家的权力，除审议各项议案外，还享有提出议案权、质询权和发言、表决无责权。

人大代表肩负着人民的重托，代表人民的利益和意志。他们的义务主要有：模范地遵守宪法和法律。

名词点击

提出议案权是指人民代表大会代表有权依照法定程序向人民代表大会提出议案；质询权是指人民代表大会代表有权根据法律规定程序对政府等机关工作提出质问并要求答复；发言、表决无责权，是指人民代表大会代表在人民代表大会各种会议上的发言、表决不受法律追究等。

（二）人民代表大会制度是根本政治制度安排

怎样理解人民代表大会制度是坚持党的领导、人民当家作主、依法治国有机统一的根本政治制度安排？

坚持党的领导、人民当家作主、依法治国有机统一的人民代表大会制度，是

资料链接

人民代表大会代表产生的方式有两种：全国、省、自治区、直辖市和设区的市、自治州的人民代表大会的代表由下一级人民代表大会选出；县、自治县、不设区的市、市辖区、乡、民族乡、镇的人民代表大会的代表由选民直接选举产生。全国各级人民代表大会的代表每届任期五年。

发展社会主义民主政治、建设社会主义政治文明的重要内容，是依法治国、建设社会主义法制国家的本质要求。

第一，党的领导是人民当家作主和依法治国的根本保证。中国共产党是全心全意为人民服务的政党，实现人民民主从根本上体现了中国共产党立党为公、执政为民的宗旨。坚持和完善人民代表大会制度，必须毫不动摇地坚持党的领导，把加强党的领导与支持和保证人民通过人民代表大会行使国家权力统一起来。

第二，人民当家作主是社会主义民主政治的本质特征，是坚持党的领导和依法治国的坚实基础。一方面，人民当家作主是坚持党的领导的坚实基础。人民是历史的创造者，是决定党和国家前途命运的根本力量。另一方面，人民当家作主是坚持依法治国的坚实基础。人民是依法治国的主体和力量源泉。只有实现了人民当家作主，才能保证广大人民群众参与立法、执法和司法活动，监督法律的实施，确保良法善治落到实处。

第三，依法治国是党领导人民治理国家的基本方式，是坚持党的领导和人民当家作主的坚强保障。一方面，依法治国为坚持党的领导提供坚强法治保障。全面推进依法治国，坚持和完善中国特色社会主义法治体系，提高党依法治国、依法执政能力。坚持把法治作为治国理政基本方式，有利于加强和改善党的领导，有利于巩固党的执政地位、完成党的执政使命。另一方面，依法治国为实现人民当家作主提供坚强法治保障。我国的人民代表大会制度体现了宪法规定的国家一切权力属于人民的社会主义民主的本质，是实现人民当家作主的重要途径和可靠制度保障。

二、中国共产党领导的多党合作和政治协商制度

（一）中国共产党的领导地位

我国实行的是怎样的政党制度？

中国特色社会主义事业为什么必须坚持中国共产党的领导？

政党制度是现代民主政治的重要组成部分。我国的政党制度是中国共产党领导的多党合作和政治协商制度。

名词点击

政党是代表一定阶级、阶层或社会集团的利益，为实现既定目标和理想，通过执掌或参与国家政权而进行活动的政治组织。政党制度是指由国家法律规定或在实际政治生活中形成的关于政党的社会政治地位、作用、执政或参政的方式、方法、程序的制度性规定，是国家政治制度的重要组成部分。

政党制度主要有一党制、两党制和多党制等各种形式。中国共产党领导的多党合作和政治协商制度，与我国人民民主专政的国体、人民代表大会制度的政体相适应，呈现出鲜明的中国特色和显著的优越性。

中国共产党，是中国最高政治领导力量。中国共产党的领导，是中国革命、建设、改革不断取得胜利最根本的保证，是中国特色社会主义最本质的特征，也是中国特色社会主义的最大优势，必须毫不动摇地坚持和完善。

我国是社会主义国家，中国共产党是中国革命和中国特色社会主义事业的领导核心，处在总揽全局、协调各方的地位。中国共产党领导是中国特色社会主义最本质的特征。中国共产党的领导地位是如何确立的呢？

首先，中国共产党的领导地位是由它的性质和宗旨决定的。中国共产党是中国工人阶级的先锋队，是中国人民和中华民族的先锋队。全心全意为人民服务是它的宗旨。中国共产党始终代表中国先进生产力的发展要求、中国先进文化的前进方向、中国最广大人民的根本利益。

其次，中国共产党的领导地位是中国革命的必然结果。中国共产党自成立之日起就深深地植根于中国人民和中华民族之中，有深厚的群众基础，领导全国各族人民经过28年艰苦卓绝的斗争，终于推翻了帝国主义、封建主义和官僚资本主义的统治，取得了新民主主义革命的胜利，实现了民族独立和人民解放，为中华民族的复兴扫清了障碍，创造了前提。1949年中华人民共和国成立后，中国共产党成为我国的执政党，领导中国人民创造性地完成了新民主主义向社会主义的过渡，建立了社会主义制度，实现了中国历史上最广泛、最深刻的社会变革；开创了中国特色社会主义建设事业。

由此可见，中国共产党的领导地位不是自封的，是中国人民经历长期的实践

8

活动平台

唱支山歌给党听

目　　标：深刻体会中国共产党的领导地位是历史的选择，人民的选择。

步　　骤：全班分若干小组，课下准备歌颂党和社会主义建设的歌舞；课上进行表演；最后评选出最佳节目。

做出的历史性选择。因此，必须要坚持党的集中统一领导，坚持党的科学理论，保持政治稳定，确保国家始终沿着社会主义方向前进的显著优势。

经过长期努力，我国已经进入全面建设社会主义现代化国家新发展阶段，必须毫不动摇坚持和完善党的领导。这是因为：

第一，只有坚持中国共产党的领导，才能始终保持现代化建设的社会主义方向。中国共产党能够从总体上把握历史的发展方向和社会发展规律，能在错综复杂的国内外形势下，作出正确的判断，制订出正确的路线、方针、政策，以确保公有制主体地位不动摇，防止两极分化，实现共同富裕的目标，确保我国人民民主专政政权的巩固。

第二，只有坚持中国共产党的领导，才能实现和保持社会稳定。社会稳定是顺利进行现代化建设的前提条件，坚持党的领导是实现中华民族伟大复兴的中国梦的根本保证。邓小平同志强调："共产党的领导，这个丢不得，一丢就是动乱局面，或者不稳定状态。一旦不稳定甚至动乱，什么建设也搞不成。"

第三，只有坚持中国共产党的领导，才能最广泛、最充分地调动一切积极因素搞好社会主义现代化建设。坚持党的领导是全面建成小康社会的本质要求。离开了党的领导，中国特色社会主义建设就是无本之木、无源之水，就是空中楼阁。

历史和现实都充分说明，中国共产党的领导是历史的选择、人民的选择，中国特色社会主义制度的最大优势是中国共产党领导。

要坚持和完善党的领导制度体系，提高党科学执政、民主执政、依法执政水平，把党的领导落实到国家治理各领域各方面各环节。坚持和完善党的领导，是党和国家的根本所在、命脉所在，是全国各族人民的利益所在、幸福所在。

（二）中国共产党领导的多党合作和政治协商制度的内容

> 中国共产党领导的多党合作和政治协商制度的基本内容是什么？
> 什么是中国人民政治协商会议？

中国共产党领导的多党合作和政治协商制度，是具有中国特色的政党制度，是我国的一项基本政治制度。这一制度的基本内容包括以下几个方面：

第一，中国共产党是执政党，各民主党派是参政党，中国共产党和各民主党派是亲密友党。中国共产党是执政党，其执政的实质是代表工人阶级及广大人民掌握人民民主专政的国家政权。各民主党派是参政党，具有法律规定的参政权。其参政的基本点是：参加国家政权，参与国家大政方针和国家领导人选的协商，参与国家事务的管理，参与国家方针、政策、法律、法规的制定和执行。

名词点击

民主党派是指，在中国大陆范围内，除执政党中国共产党以外的八个参政党的统称。八大民主党派分别是：中国国民党革命委员会、中国民主同盟、中国民主建国会、中国民主促进会、中国农工民主党、中国致公党、九三学社、台湾民主自治同盟。

第二，中国共产党和各民主党派合作的基本方针是“长期共存、互相监督、肝胆相照、荣辱与共”。

第三，中国共产党和各民主党派合作的首要前提和根本保证是坚持中国共产党的领导和坚持四项基本原则。

名词点击

四项基本原则即：必须坚持社会主义道路，必须坚持人民民主专政，必须坚持中国共产党的领导，必须坚持马列主义、毛泽东思想。

第四，中国共产党和各民主党派合作的根本活动准则是遵守宪法和法律。

第五，中国共产党和各民主党派合作的重要机构是中国人民政治协商会议，简称“人民政协”。

坚持和完善中国共产党领导的多党合作和政治

资料链接

人民政协的主要职能：一是政治协商，即对国家和地方的大政方针及其政治、经济、文化和社会生活中的重要问题在决策之前进行协商和就决策执行过程中的重要问题进行协商；二是民主监督，即对国家宪法、法律和法规的实施，重大方针政策的贯彻执行，国家机关及其工作人员的工作，通过建议和批评进行监督；三是参政议政，即对政治、经济、文化和社会生活中的重要问题以及人民群众普遍关心的问题，开展调查研究，反映社情民意，进行协商讨论，通过调研报告、提案、建议或其他形式，向中国共产党和国家机关提出意见和建议。

协商制度，必须充分发挥中国人民政治协商会议的作用。中国人民政治协商会议是有广泛代表性的统一战线组织，在长期的革命、建设、改革过程中，已经结成由中国共产党领导的，有各民主党派和各人民团体参加的，包括全体社会主义劳动者、社会主义事业的建设者、拥护社会主义的爱国者、拥护祖国统一和致力于中华民族伟大复兴的爱国者的广泛的爱国统一战线，这个统一战线将继续巩固和发展。

中国人民政治协商会议的主要职能是政治协商和民主监督，组织参加政协的各党派、团体和各族各界人士参政议政。

中国人民政治协商会议的主要内容是：国家在社会主义物质文明建设、政治文明、精神文明建设、社会文明建设、生态文明建设、社会主义民主法制建设和改革开放中的重要方针政策及重要部署，政府工作报告，国家财政预算，经济与社会发展规划，国家政治生活方面的重大事项，国家的重要法律草案，中共中央提出的领导人人选，国家省级行政区划的变动，外交方面的重要方针政策，关于统一祖国的重要方针政策，群众生活的重大问题，各党派之间的共同性事务，政协内部的重要事务以及有关爱国统一战线的其他重要问题。

中国人民政治协商的主要形式有：

名词点击

社会主义协商民主是在中国共产党领导下，人民内部各方面围绕改革发展稳定的重大问题和涉及群众切身利益的实际问题，在决策之前和决策实施之中开展广泛协商，努力形成共识的重要民主形式。

政协全国委员会的全体委员会议，常务委员会议，主席会议，常务委员专题座谈会，各专门委员会会议，根据需要召开的各党派、无党派民主人士、人民团体、少数民族人士和各界爱国人士的代表参加的协商座谈会，地方各级人民政治协商会议的各种活动等。

社会主义协商民主是我国人民民主的重要形式。“要推动协商民主广泛、多层、制度化发展，统筹推进政党协商、人大协商、政府协商、政协协商、人民团体协商、基层协商以及社会组织协商。”这是新时代社会主义协商民主建设的战略任务和基本路径。

三、民族区域自治制度

（一）民族区域自治制度的基本内容

民族区域自治地方的自治权包括哪些内容?

世界上多民族的国家很多，由于历史文化、国情不同，各自都在探索自己的解决民族问题的道路。中国共产党以中国人民的根本利益为目标，以“共同团结奋斗、共同繁荣发展”为宗旨，形成了中国特色解决民族问题的正确道路。民族区域自治制度是中国特色解决民族问题的正确道路的重要内容和制度保障。

民族区域自治制度是指，在国家统一领导下，各少数民族聚居的地方实行区域自治，设立自治机关，行使自治权的制度。

民族区域自治制度是我国的一项基本政治制度。在我国，实行民族区域自治是适合我国国情的必然选择，是由我国的历史特点和现实情况决定的。统一的多民族国家的历史传统，“大杂居、小聚居”的民族分布特点，以及各民族在长期交往中形成的相互依存的民族关系，使我国的民主区域自治具有坚实的社会基础和政治基础。

我国民族自治地方分为自治区、自治州、自治县（旗）三级。民族自治地方设立自治机关。自治机关是自治地方的人民代表大会和人民政府，在行使一般地

资料链接

全国有156个民族自治地方，包括5个自治区、30个自治州、121个自治县（旗）。55个少数民族中有44个建立了自治地方，实行自治的少数民族人口占少数民族总人口的70%，自治地方面积占全国总面积的64%。民族自治地方的布局与我国的少数民族分布基本相适应。

庆祝内蒙古自治区成立70周年

庆祝西藏自治区成立50周年

方国家机关职权的同时，依法行使自治权。

自治权是民族区域自治制度的核心内容。自治权是指自治机关根据本地方实际情况贯彻执行国家法律、政策，自主地管理本民族自治地方内部事务的权力。我国宪法和民族区域自治法赋予自治机关的自治权，其范围、内容十分广泛，涉及政治、经济、文化和社会生活各个方面。

在民族自治地方，各民族享有平等法律地位，共同建设各项事业。各民族自治地方都是国家不可分离的部分，各民族自治地方的自治机关必须服从中央的领导。

培养和使用少数民族干部是关键，保障少数民族当家作主的权利是实质。建立自治机关，行使自治权利，实质就是尊重和保障少数民族的平等权利，使之自主管理本地方本民族的内部事务，真正实现当家作主。

我国处理民族关系的基本原则是坚持民族平等、民族团结、各民族共同繁荣。党的十九大报告指出，全面贯彻党的民族政策，深化民族团结进步教育，铸牢中华民族共同体意识，加强各民族交往交流交融，促进各民族像石榴籽一样紧紧抱在一起，共同团结奋斗、共同繁荣发展。中华民族共同体意识是维护国家统一的思想基础，是促进民族团结的必要条件，铸牢中华民族共同体意识是实现中华民族伟大复兴的必然要求。

（二）民族区域自治制度的优越性

我国的民族区域自治制度有何优越性？
我们应当以怎样的实际行动维护民族团结？

在我国少数民族聚居地区实行民族区域自治制度，合乎国情，符合民意，具有很大的优越性。

第一，有利于维护国家的统一和安全。民族区域自治是以领土完整、国家统一为前提和基础的，是国家的集中统一领导与民族区域自治的有机结合。它增强了中华民族的凝聚力，使各族人民，特别是少数民族人民把热爱本民族和热爱祖国的深厚感情结合起来，更加自觉地担负起捍卫祖国统一、保卫边疆的光荣职责。

第二，有利于少数民族人民当家作主权利的实现。实行民族区域自治，保证民族自治地区充分享有自治权，自主管理本地区内部事务，同时也满足少数民族人民积极参加国家政治生活的愿望，保障了少数民族人民当家作主权利得以实现。

第三，有利于发展平等、团结、互助、和谐的社会主义民族关系。各民族自治地区以一个、两个或两个以上少数民族为主体，同时包括当地居住的汉族和其他少数民族，使各族人民之间的联系更加密切，逐步消除历史遗留下来的民族隔阂。

第四，有利于促进社会主义现代化建设事业的蓬勃发展。民族自治地区的自治机关，能够密切结合本民族、本地区的特点，把少数民族的特殊利益与国家的整体利益协调起来，充分发挥各民族、各地区的特长和优势，调动各族人民参加国家建设的积极性、主动性和创造性。

实践证明，实行民族区域自治制度是我国民族团结、国家统一、社会稳定、经济又好又快发展的保证。民族区域自治已经成为中国特色社会主义制度体系的一大支柱、社会主义政治文明的一大特色、建设法治中国的一大方略，必须毫不动摇地继续坚持。

8

四、基层群众自治制度

（一）基层群众自治制度的内容

我国基层群众自治制度包括哪些内容？
我国基层群众自治制度有何优越性？

在长期的社会实践中，我国广大人民群众摸索出一条实现当家作主最有效、最广泛的途径，这就是基层群众自治。党的十七大将“基层群众自治制度”确立为我国社会主义民主政治的基本政治制度，把坚持和完善基层群众自治制度作为坚持中国特色社会主义政治发展道路的重要内容。

基层群众自治制度是指，城乡居民群众依据宪法和法律规定，在城乡基层党组织领导下，在居住地范围内，依托基层群众自治组织，直接行使民主选举、民主决策、民主管理和民主监督等权利，实行自我管理、自我服务、自我教育、自我监督的制度与实践。基层群众自治是人民当家作主最有效、最广泛的途径。

我国的基层群众自治制度，主要包括城市的居民自治制度和农村的村民自治制度。此外，还包括以企业职工代表大会为基本形式的企事业单位民主管理制度等。

资料链接

基层群众自治制度的内容：一是基层民主，这是坚持基层群众自治制度的基本前提；二是基层公共事务和公益事业，这是基层群众自治的基本对象；三是实行自我管理、自我服务、自我教育、自我监督，这是基层群众自治的基本要求；四是基层党组织的领导，并在党组织的领导下建立健全充满活力的基层群众自治机制，这是基层群众自治的保障条件；五是城乡社区建设，这是基层群众自治的有效载体和平台。

我国的基层群众自治制度具有鲜明的特点和优势：

第一，我国的基层群众自治与人民群众的切身利益密切相关，能够直接反映人民群众的利益诉求。基层群众自治的这一特点和优势有利于调动人民群众参与的积极性，增强民主的广泛性和真实性。

第二，我国的基层群众自治在党和政府的主导下进行，能够坚持正确的方向并稳定有序地发展。

第三，我国的基层群众自治能够与经济社会发展相适应、相促进。主要体现在工作部署以及在实践推进上的适应和促进两个方面。

第四，基层群众自治制度是循序渐进、逐步发展的。

（二）完善基层群众自治制度的意义

完善基层群众自治制度对发展社会主义民主政治有何重要意义？

基层群众自治制度是中国特色社会主义民主政治建设中的重要制度之一，充分体现了中国共产党的领导、人民当家作主、依法治国在基层群众自治制度中的有机统一。

资料链接

党的十九届四中全会明确提出，建设人人有责、人人尽责、人人享有的社会治理共同体。“十三五”时期，我国基层协商民主渠道不断拓展。各地普遍以村（居）民会议和村（居）民代表会议为主要载体开展议事协商决策。85%的村建立村民会议或者村民代表会议制度，64%的社区建立协商议事委员会，35%的村每年召开村民会议，57%的村每年召开一次以上村民代表会议，涉及村民利益的重大事项，基本由村（居）民讨论决定。各级党委政府把城乡社区协商纳入重要议事日程，结合实际制定了具体办法。根据参与主体的情况和协商的具体事项，探索建立村民理事会、村民议事会、村民决策听证会等协商议事形式，开展灵活多样的协商活动。

在现阶段，我国城乡基层群众的自治制度还需要在实践中不断完善。坚持和完善基层群众自治制度，发展基层民主，对于保障人民依法直接行使民主权利，发展社会主义民主政治具有重要意义：

第一，完善基层群众自治制度，坚持党的领导，走中国特色社会主义政治发展道路。发展基层民主，是社会主义民主政治建设的基础和重要组成部分，必须始终坚持党的领导，充分发挥党总揽全局、协调各方的领导核心作用，把党的领导贯穿于基层群众自治机制建设全过程、各方面，确保基层民主建设始终沿着中国特色社会主义政治发展道路前进。

第二，完善基层群众自治制度，把人民当家作主作为核心要求，切实保障人民民主权利。人民当家作主是社会主义民主政治的本质和核心。基层民主是中国特色社会主义民主最广泛的实践，发展基层民主，不断丰富民主形式、拓宽民主渠道，既保证人民依法实行民主选举，也保证人民依法实行民主决策、民主管理、民主监督。

第三，完善基层群众自治制度，不断完善制度机制，推进基层民主法治化。法治化是社会主义民主政治的根本保障。发展基层民主，依法推进基层群众自治制度建设，健全基层选举、议事、公开、述职、问责等机制，促进群众在城乡社区治理、基层公共事务和公益事业中依法自我管理、自我服务、自我教育、自我监督，切实防止出现人民形式上有权、实际上无权的问题，避免出现无章可循、混乱无序的状况。

第四，完善基层群众自治制度，不断拓展实现形式，推进协商民主广泛深入发展。城乡社区协商是基层群众自治的生动实践，是社会主义协商民主建设的重要组成部分和有效实现形式。发展基层民主，适应基层实际，顺应群众需要，切实把协商民主落实到基层决策管理的各个方面，凡是涉及群众切身利益的决策都应当充分听取群众意见，通过各种方式、各个方面同群众进行协商，保障人民充分享有民主权利。

实践表明，基层群众自治，是基层群众自发直接行使民主权利的有效途径，是人民当家作主的直接实现形式，是我国社会主义民主政治不可或缺的内容。

思维拓展

我国人民代表大会制度与西方议会制度的异同

我国人民代表大会制度与西方议会制度的不同点主要表现在三个方面：

1. 两者的经济基础不同：我国人民代表大会制度建立在社会主义公有制基础之上，为维护社会主义经济基础服务；西方议会制度则建立在资本主义私有制基础之上，是维护资产阶级私有财产的工具。

2. 行使权力的主体不同：人民代表大会代表人民利益，受人民监督，对人民负责，人民代表大会的权力主体是人民；议员则不对选民负责，不受选民监督，选民无权撤换议员，议员维护的是资产阶级利益。

3. 权力和活动原则不同：我国人民代表大会实行民主集中制原则，是立法机关，同时又有权组织行政、审判、检察机关，这些机关受它监督，对它负责。人民代表大会除了受人民监督、对人民负责外，不受任何国家机关的制约。因此，人民代表大会处于全权性的地位，集中统一行使国家权力。西方议会制一般是按照三权分立的原则组织起来的。立法、行政、司法三种权力相互制约、彼此平衡，以便协调和平衡资产阶级内部各集团的利益，维护资产阶级的整体利益。

两者的相同点：两者都是国家政权的组织形式。

从我国的国情出发，我国为什么不能走西方议会制道路？

第9课 我国民主政治的发展道路

案例引导

2019年3月12日，人民大会堂“部长通道”上，国家林业和草原局、国家知识产权局、国家税务总局等部门的“一把手”与媒体记者零距离交流，坦诚作答，赢得好评。

从2007年开始，“部长通道”这个长度百余米的通道逐渐成为观察两会的重要窗口。十多年来，部长们从起初的躲躲闪闪、拱手而别，到现在的主动上前认真作答，接受监督越来越主动，越来越从容，凸显两会越来越开放、中国越来越自信。

部长们从记者提问中可以把握民意脉搏，看看部门工作离百姓要求还有哪些差距，想想下一步工作如何更好满足群众需求。面对麦克风，部长们既讲成绩也谈问题——讲成绩，可以汲取经验，增强信心、提振士气；谈问题，可以认清短板，找准不足、精准发力。

两会是观察中国民主政治的重要窗口。“部长通道”从两会临时性设置，上升到常态化安排，让外界看到的是更加开放透明的两会、更加自信沉着的中国，背后透视出的是我国政治制度不断完善，国家治理体系和治理能力现代化进程不断取得新的成果。

“部长通道”是怎样体现人民当家作主的？

请你为新时期发展中国特色社会主义民主政治提两条建议。

一、人民民主是社会主义的生命

（一）发展社会主义民主的必然性

我国国家性质是什么？

为什么要发展社会主义民主？

世界上没有完全相同的政治模式，一个国家实行什么样的政治制度，走什么样的政治发展道路，必须与这个国家的国情和性质相适应。改革开放以来，我们党团结带领人民在发展社会主义民主政治方面取得了重大进展，成功开辟和坚持了中国特色社会主义政治发展道路，为实现最广泛的人民民主确立了正确方向。

我国的国体决定了社会主义政治制度的根本属性。《中华人民共和国宪法》规定："中华人民共和国是工人阶级领导的、以工农联盟为基础的人民民主专政的社会主义国家。"这表明，我国的国家性质是人民民主专政的社会主义国家。人民民主专政的本质是人民当家作主。

我国的领导阶级是工人阶级。我国工人阶级具有高度的革命性、组织性和纪律性，具有坚定的政治立场和艰苦创业的精神，是先进生产力和生产关系的代表，是社会主义建设事业的中坚力量。

工农联盟是我国国家政权的阶级基础。农民阶级是工人阶级的天然同盟军，是建设社会主义的基本力量。农民阶级在工人阶级的领导下与工人阶级一起共同管理国家事务。在政治上，工农联盟是我国人民民主专政的阶级基础。

中国人民在长期的艰难探索和不懈奋斗中逐步认识到：在中国这样一个幅员辽阔、人口和民族众多、其前身是半殖民地半封建社会的发展中大国，照搬西方资本主义政治制度根本行不通。要实现民族独立、国家富强、人民幸福，就必须

名词点击

国体即国家性质，是指社会各阶级在国家中的地位。具体地说，就是国家政权掌握在哪一个阶级手里；哪个阶级是统治阶级，哪个阶级是被统治阶级。统治阶级的阶级性质决定着国家的性质。国家政权掌握在哪个阶级手中，实行为哪个阶级服务的政策，是判断国家性质的根本标志。

名词点击

民主是指在一定阶级范围内，按照平等的原则和少数服从多数的原则来共同管理国家事务的国家制度。民主具有鲜明的阶级性，世界上从来没有抽象的、超阶级的民主。

专政是指一定阶级的政治统治。在经济上占统治地位的阶级，运用其掌握的国家权力，对社会实行控制和管理。

资料链接

国家不是从来就有的，而是人类社会发展到一定历史阶段才出现的。国家是阶级矛盾和阶级斗争不可调和的产物，是经济上占统治地位的阶级进行阶级统治的政治权力机构。国家产生距今约有五千年的历史。国家的产生与阶级对立的出现紧密相联。社会生产力的发展导致私有制的产生，使社会分化为剥削阶级和被剥削阶级，剥削阶级的残酷剥削和压迫，激起了被剥削阶级的反抗。为了镇压反抗，剥削阶级就建立了具有强制性的军队、警察、监狱等暴力机关，国家便随之产生了。

彻底推翻剥削阶级统治，建立符合中国国情、符合中国人民根本利益的全新的人民民主制度。走中国特色社会主义民主政治发展道路，是历史的选择、人民的选择。

中华民族历来注重变革创新。我们在实践中不断完善，在发展中不断变革，逐渐形成中国特色社会主义政治制度，这套制度之所以行得通、有生命力、有效率，就是因为它是从中国的社会土壤中生长起来的。人民民主专政的社会主义国家，人民代表大会制度的政体，中国共产党领导的多党合作和政治协商制度，民族区域自治制度，基层群众自治制度，这样一套制度安排，能够有效保证人民享有更加广泛、更加充实的权利和自由，保证人民广泛参加国家治理和社会治理；能够有效调节国家政治关系，发展充满活力的政党关系、民族关系、宗教关系、阶层关系、海内外同胞关系，增强民族凝聚力，形成安定团结的政治局面；能够集中力量办大事，有效促进社会生产力解放和发展，促进现代化建设各项事业，促进人民生活质量和水平不断提高；能够有效维护国家独立自主，有力维护国家主权、安全、发展利益，维护中国人民和中华民族的福祉。发展社会主义民主政治就是要体现人民意志、保障人民权益、激发人民创造活力，用制度体系保证人民当家作主。

（二）人民当家作主是社会主义的本质

为什么说人民当家作主是社会主义的本质？

我国社会主义民主政治的独特优势体现在哪些方面？

人民民主是社会主义的生命。没有民主就没有社会主义，就没有社会主义的现代化，就没有中华民族伟大复兴。人民当家作主是社会主义民主政治的本质和核心。我们要坚持人民当家作主，发展人民民主，密切联系群众，紧紧依靠人民推动国家发展的显著优势。

在我国，人民是国家的主人，国家的一切权力属于人民。我国人民民主专政的最大特点，就在于它与剥削阶级掌握的国家政权不同，对占全国人口绝大多数的人民实行民主，对极少数敌视和破坏社会主义事业的敌对分子实行专政。因此，人民民主专政的本质是人民当家作主。

人民当家作主是社会主义民主政治的本质要求。以劳动人民当家作主为核心内容的社会主义民主，是社会主义在政治上的基本特征。人民当家作主体现着国家的性质和方向，是社会主义民主政治建设的出发点和归宿。

只有充分发扬社会主义民主，确保人民当家作主的地位，保证人民依法享有广泛的权利和自由，尊重和保障人权，才能调动亿万人民群众建设社会主义现代化的积极性。

我们生活在人民民主专政的社会主义国家，人民当家作主不仅体现在可以依法实行民主选举、民主决策、民主管理，还体现在我们可以通过行使监督权，积极实行民主监督。

我国的人民民主与西方资本主义民主相比，有着显著的不同，主要体现在我国的人民民主具有广泛性和真实性。

我国社会主义民主是维护人民根本利益的最广泛、最真实、最管用的民主，体现了我国社会主义民主政治的独特优势。

最广泛就是全体人民都能参与。我国人民民主的广泛性主要表现在两个方面：一是民主主体的广泛性。在我国现阶段，包括工人、农民、知识分子、干部、解放军指战员和其他社会主义劳动者、社会主义事业建设者、拥护社会主义的爱国

资料链接

我国制定了大量有关公民基本权利的法律、法规，使宪法规定的公民基本权利的实现有了具体的法律依据。我国公民的民主权利有切实的物质保障。例如，公民选举所需经费均由政府开支；在选举期间，国家掌握的报刊、电视、广播等都为选举活动提供相应的服务。

者、拥护祖国统一的爱国者在内的全体人民，都是国家和社会的主人。作为中国公民，他们平等地享有管理国家和社会事务的权利。二是人民享有广泛的民主权利。宪法明确规定我国公民广泛享有政治、经济、文化和社会生活等各方面的民主自由权利。

最真实就是真正体现人民的意愿。我国人民民主的真实性，一方面表现在人民当家作主的权利有制度、法律和物质保障，如人民代表大会制度的确立，为实现国家政治制度的民主化、法律化提供了有力的制度保障；另一方面，人民能够自己管理国家，也表现在随着经济的发展和社会的进步，广大人民的正当利益日益得到充分的实现。

最管用就是途径畅通、合理高效。我国人民民主最管用，表现在日益完善的基层民主制度，保障人民知情权、参与权、表达权、监督权。基层群众自治机制，保障人民享有更多更切实的民主权利。以职工代表大会为基本形式的企业事业单位民主管理制度，保障职工参与管理和监督的民主权利。

二、发展社会主义民主政治

（一）健全民主制度

如何健全我国的民主政治制度？

国家一切权力属于人民。坚持人民当家作主是新时代坚持和发展中国特色社会主义的基本方略，彰显了我国社会主义民主是维护人民根本利益的最广泛、最真实、最管用的民主，增强了我们的道路自信、制度自信。发展社会主义民主政治就是要体现人民意志、保障人民权益、激发人民创造活力，用制度体系保证人民当家作主。

尊重人民主体地位，保证人民当家作主，就必须长期坚持、不断发展我国社会主义民主政治，积极稳妥推进政治体制改革，推进社会主义民主政治制度化、规范化、程序化，保证人民依法通过各种途径和形式管理国家和社会各种事务，巩固和发展生动活泼、安定团结的政治局面。

加强人民当家作主制度保障。人民代表大会制度是坚持党的领导、人民当家作主、依法治国有机统一的根本政治制度安排，必须长期坚持、不断完善。通过发挥人大及其常委会在立法工作中的主导作用，健全人大组织制度和工作制度，更好发挥人大代表作用。

名词点击

依法治国就是人民群众在党的领导下，依照宪法和法律的规定，通过各种途径和形式管理国家事务，管理经济文化事业，管理社会事务。实行依法治国，保证国家各项工作依法进行，实现社会主义民主的制度化、规范化、程序化。

发挥社会主义协商民主重要作用。有事好商量，众人的事情由众人商量，是人民民主的真谛。协商民主是实现党的领导的重要方式，是我国社会主义民主政治的特有形式和独特优势。要推动协商民主广泛、多层、制度化发展，加强协商民主制度建设，形成完整的制度程序和参与实践，保证人民在日常政治生活中有广泛持续深入参与的权利。

人民政协是具有中国特色的制度安排，是社会主义协商民主的重要渠道

参加全国政协会议的政协委员

资料链接

党的十八大以来，以习近平同志为核心的党中央将全面依法治国纳入“四个全面”战略布局统筹推进。党的十八届四中全会第一次以中央全会形式专门研究全面依法治国，部署 180 多项重大改革举措。建设中国特色社会主义法治体系，必须坚持立法先行，发挥立法的引领和推动作用，抓住提高立法质量这个关键。截至 2022 年 6 月底，制定、修改法律、行政法规 730 余件次，现行有效法律 292 件，行政法规 598 件，中国特色社会主义法律体系日趋科学完善。

群众学习热情高

法律法规宣传热

和专门协商机构。在党的领导下，人民政协通过凝聚起推进社会进步的智慧和力量，聚焦党和国家中心任务，把协商民主贯穿政治协商、民主监督、参政议政全过程。

（二）坚定走中国特色社会主义政治发展道路

如何理解中国社会主义民主政治具有强大生命力？

我国实行社会主义民主政治，是由近代以来中国的社会历史条件和中国发展进步的客观要求决定的。我国社会主义民主政治制度产生于中国人民为争取民族独立、人民解放、国家富强而进行的伟大斗争和实践探索之中，是近代以来中国人民长期奋斗历史逻辑、理论逻辑、实践逻辑的必然结果，形成了一整套具有中国特色的社会主义民主政治制度，社会主义民主政治建设取得重大成果。我国社会主义民主政治建设立足中国历史文化和现实国情，彰显出鲜明的中国特色、明显的制度优势和强大的生命力。

第一，坚持党的领导、人民当家作主和依法治国有机统一是中国政治建设的基本方针。中国特色社会主义民主政治建设之所以取得伟大成就，就是因为遵循党的领导、人民当家作主、依法治国有机统一的基本方针，从根本上保证了党的领导、人民意志与宪法法律的一致性。

第二，发展适合我国国情的社会主义政治制度。国情是确立政治制度的现实依据。中国特色社会主义政治制度扎根于我国的社会土壤，具有鲜明特色和独特优势。我国实行工人阶级领导的、以工农联盟为基础的人民民主专政的国体，实行人民代表大会制度的政体，实行中国共产党领导的多党合作和政治协商制度，实行民族区域自治制度，实行基层群众自治制度，具有鲜明的中国特色。坚持和完善人民当家作主制度体系，发展社会主义民主政治，必须坚持人民主体地位，坚定不移走中国特色社会主义政治发展道路，确保人民依法通过各种途径和形式管理国家事务，管理经济文化事业，管理社会事务。党的十八大以来，改革开放和社会主义现代化建设取得历史性成就，党和国家事业发生历史性变革，中国特色社会主义进入新时代，充分证明了中国特色社会主义政治制度符合中国国情，体现社会主义国家性质，保证人民当家作主，保障实现中华民族伟大复兴，是中国共产党和中国人民的伟大创造，必须长期坚持。

第三，积极稳妥推进政治体制改革，不断推进我国社会主义政治制度自我完善和发展。积极稳妥推进政治体制改革，是贯彻习近平新时代中国特色社会主义思想的必然要求。党的十九大报告将“坚持全面深化改革”确定为新时代坚持和发展中国特色社会主义的基本方略之一。在新时代，要长期坚持、不断发展我国社会主义民主政治，积极稳妥推进政治体制改革，坚持和完善党和国家监督体系，强化对权力运行的制约和监督。推进社会主义民主政治制度化、规范化、法治化、程序化，充分发挥社会主义政治制度的优越性，为党和国家兴旺发达、长治久安提供更加完善的制度保障。

改革开放四十多年来，中国经济实力、综合国力、人民生活水平不断跨上新

资料链接

网络问政，就是政府通过互联网做宣传、做决策，了解民情、汇聚民智，以达到取之于民，用之于民，从而实现科学决策、民主决策，真正做到全心全意为人民服务。近年已成为一些地方政府的执政新风。“网络问政”为政府与公众的良性互动搭建良好的平台，网上的上下互动，正在演变为网下的现实行动。一位匿名网友的留言，促成取消 7000 余辆陕 O 特权号牌；一条期盼改善武汉交通状况的帖子，促成 2412 亿元交通投资计划；一对退休夫妇关于旅游质量的投诉，引发贵阳市政府开展全市旅游市场集中整治。网络问政成为中国公民行使知情权、参与权、表达权和监督权的重要渠道，进一步表明了政府工作的透明。

资料链接

世界上不存在完全相同的政治制度，也不存在适用于一切国家的政治制度模式。“物之不齐，物之情也。”各国国情不同，每个国家的政治制度都是独特的，都是由这个国家的人民决定的，都是在这个国家历史传承、文化传统、经济社会发展的基础上长期发展、渐进改进、内生性演化的结果。中国特色社会主义政治制度之所以行得通、有生命力、有效率，就是因为它是从中国的社会土壤中生长起来的。中国特色社会主义政治制度过去和现在一直生长在中国的社会土壤之中，未来要继续茁壮成长，也必须深深扎根于中国的社会土壤。

台阶，我们不断战胜前进道路上各种世所罕见的艰难险阻，中国各民族长期共同团结奋斗、共同繁荣发展，中国社会长期保持和谐稳定。这些事实充分证明，中国社会主义民主政治具有强大生命力，中国特色社会主义政治发展道路是符合中国国情、保证人民当家作主的正确道路。

活动平台

我有问题问总理

目　　标：通过学生向总理提问，培养学生勤于思考的习惯，提高学生参与社会政治生活的能力。

步　　骤：要求每位学生在认真思考后，向总理提出一个自己最为关心的问题，并说明你关心该问题的原因。最后教师对学生提出的问题进行点评。

探究实践

一、阅读思考

一个人大代表的情怀

作为一名基层农村代表，他深知代表的职责就是要经常深入体察民情、民意，上达民声，让政府真实了解基层的民情和民众的呼声，为人民政权建设构筑坚实的民主基础。

每次全国人民代表大会召开以前，他都要安排一个月时间，走访机关、农村、厂矿、学校及各阶层，深入调查研究，把来自各阶层、各方面群众所关心的重点、热点和难点问题作为素材，分析研究，归纳整理，为召开人民代表大会建言献策。每次人民代表大会上，他依法行使代表权利，认真阅读大会文件，对各项报告逐字逐句仔细品味推敲，认真审议，参加小组讨论，本着对人民高度负责的精神，积极提出议案，并具有充分的案由、案据和可行性。

为了拉近和选民的距离，他将家庭电话、办公电话、手机号码进行公开，随时保持与选民的联系。来自方方面面的群众呼声，就是他履职的“资本”，他总是认真梳理归纳，写成建议、批评和意见。十多年来，通过走访、座谈、了解的方法，共搜集整理并领衔提出议案十多件，参与其他代表共同提出的议案二十多件，先后提出建议、批评和意见一百五十多件，建言献策更是不计其数，都是人民群众尤其是农村群众对我国各项政策实施特别是新农村建设中特别关注的和亟待解决的重点和热点问题。

他说自己所做的一切，都是为了履行人民赋予的责任和重托。

他就是全国人大代表郭成志。

（1）我国的人大代表享有哪些权利？履行哪些义务？

（2）你从上述事迹中受到了哪些启发？

（3）请以“人民代表为人民”为题，写一篇小论文。

建议：（1）组织学生调查了解学校所在地（区或镇）人民代表大会的组织情况。请一位人民代表座谈或来校进行专题讲座。

（2）将搜集到的人民代表大会资料进行分类整理。

（3）老师讲评，加深学生对人民代表大会相关知识的认识与理解。

二、材料分析

材料一：村民代表联系户制度解民忧

某村实行村民代表联系户制度，村民代表积极反映村情民意，为群众排忧解难，发挥代表作用。

该村有村民代表12名，平均每16户有一名代表。在新农村建设中，广大村民的积极性很高，但村民代表不知道如何发挥作用。针对这一情况，村委会干部与村民代表和村民商量后，实施了村民代表联系户制度。其做法是：每个村民代表联系10户以上村民，在工作和生产生活中经常与群众沟通，听取意见和建议，由村民代表会讨论，形成决议后，再由村民代表向联系户反馈，同时向村民做好党和国家有关政策的宣传工作，帮助联系户解决生产生活中的实际问题。

通过实行村民代表联系户制度，使村民代表在群众服务中有了明确的职责和目标，代表作用得到了发挥。村民代表张某在新农村建设中，积极向上级反映民意，为群众生产生活排忧解难，受到了村民的赞扬。目前，村委会已建起了文明市民学校、文化活动室，村里大街小巷已全部硬化、亮化，全村群众走上了勤劳致富奔小康的道路。

材料二：科学、民主、法制、自由、人权，是人类在漫长的历史进程中共同追求的价值观和共同创造的文明成果。在不同的历史阶段、不同的国家，它的实现形式和途径各不相同，没有统一的模式，这种世界文明的多样性是不以人们主观意志为转移的客观存在。中国的民主政治建设，要走自己的路。我们要立足国情，在实践中积极探索中国特色的民主政治建设规律。

（1）结合上述材料，说明社会主义民主的重要性；并分析中国的民主政治建设为什么要“走自己的路”？

（2）你认为应如何发展中国社会主义民主政治？

（3）青年学生应如何参与中国特色社会主义民主政治建设？

三、探讨回答

发展社会主义民主政治，最根本的是要把坚持党的领导、人民当家作主和依法治国有机统一起来。党的领导是人民当家作主和依法治国的根本保证，人民当家作主是社会主义民主政治的本质要求，依法治国是党领导人民治理国家的基本方略。要深化政治体制改革，以保证人民当家作主为根本，以增强党和国家活力、调动人民积极性为目标，扩大社会主义民主，建设社会主义法治国家，发展社会主义政治文明。

结合所学知识，联系当前实际，谈谈你对上述材料的认识。

四、方案设计

一年一度的普法宣传日到来之际，学校准备组织学生到附近的集镇进行一次普法宣传活动，目的在于向集镇居民宣传我国《环境保护法》的有关内容，帮助居民了解《环境保护法》的具体规定，明确开展环境保护的重要性，增强居民环境保护意识，提高居民保护环境的自觉性。

（1）结合所学知识回答：什么是依法治国？开展普法宣传活动具有哪些重要性？

（2）请结合你身边的具体事例，如随地吐痰、乱扔垃圾、公共场所吸烟等不文明行为，设计一个普法方案（要求：形式新颖、内容具体、具有可操作性）。

五、社会体验

主题：走访你所居住的村委会或居委会，了解基层群众自治工作开展情况。

目标：了解基层群众自治组织的工作开展情况，进一步加强学生对基层群众自治组织的认识，培养学生团结协作精神，增强学生社会实践能力。

建议：先拟好采访提纲，安排好采访对象、时间、地点、方式等。可与同学一同走访，并认真做好采访记录，形成调查报告并在全班进行交流。

第四单元

参与政治生活

学习目标

1. 认知：了解行使民主选举、民主决策、民主管理、民主监督等民主权利的相关知识，理解履行公民义务的重要意义和我国独立自主的外交政策。
2. 态度：认同公民有序参与政治，依法行使权利，自觉履行公民义务，增强国家观念和国际意识。
3. 运用：关心国家和世界大事，有序参与国家政治生活，自觉维护国家利益。

公民积极参与政治生活既是一个国家民主进步的标志，也是一个公民成熟的标志。我国社会的全面进步，为每一位公民广泛参与政治生活创造了良好的条件。作为公民，我们享有广泛的政治权利和自由，同时也必须自觉履行义务、承担责任。作为公民，我们有责任和义务了解参与政治生活的基本知识，了解政府在政治生活中的职能和作用，了解我国在国际社会中的地位及我国的外交政策，明确权利和义务，自觉依法行使权利和履行义务，不断增强国家观念和国际意识，不断提高自身参与民主政治生活的能力。同学们，我们每一个人都是社会政治生活的主角，本单元将把同学们带入丰富多彩的政治生活之中。

第10课 依法行使民主权利

案例引导

近年来，我国涌现出一大批民间志愿团队，他们在社会治理方面发挥了积极作用，他们被群众亲切地称为朝阳群众、武林大妈。

朝阳群众

在北京朝阳区，“朝阳群众”的身影随处可见，他们可能是商场超市里的保安，可能是路边的志愿者。他们曾参与破获多起明星吸毒等大案、要案，被网友称为“朝阳群众”。据警方统计，截至2017年年底，朝阳区共有实名注册的“朝阳群众”14万余人，相当于平均每平方公里有近300人。其中，与朝阳警方互动较多的“朝阳群众”数量达到近7万名，平均每月向朝阳警方提供线索近2万条，主要集中在盗窃电动自行车、街头扒窃及涉毒类线索等。

武林大妈

在杭州武林街道，成立了一支名为“武林好大妈”的志愿者队伍。从外貌上看，大妈们就是晨练遛弯买菜时所见的一个个平凡路人，却许多都非“等闲之辈”。有的是执业律师，有的是合唱团负责人，有的是知名心理咨询机构负责人，有的是资深楼道支部书记，可谓“藏龙卧虎”。“武林大妈”队伍2017年3月成立，目前人数已超过4万，她们的主要工作是平安巡防、人民调解、文明引导等，成为和谐社区建设中当之无愧的“润滑剂”。“武林大妈”代表着基层社会管理的一种新模式，能够有效地实现基层老百姓的自我管理、自我服务和自我监督。

你了解他们吗？

作为青年学生你怎样看待这些现象？

10

一、公民享有广泛的政治权利和自由

（一）公民行使权利的主要方式

公民享有的基本政治权利有什么？
我国选举要遵循的原则是什么？

人民当家做主的国家，公民享有广泛的政治权利和自由。公民依法参与国家政治生活、管理国家事务和社会事务、享有表达意愿的权利和自由，这就是公民的政治权利和自由。我国宪法对公民的政治权利和自由做了明确的规定。要真正做到人民当家做主，就要依法实行民主选举、民主决策、民主管理、民主监督。

公民享有的第一项基本政治权利是积极参与民主选举。选举权和被选举权是我国公民的一项最基本的权利。依法行使选举权和被选举权也是我国公民参与国家管理的基本途径。

名词点击

选举权是指公民依法享有的选举国家代表、机关代表和其他必须由选举产生的国家公职人员的权利；被选举权是指公民依法享有的被选为国家代表、机关代表或其他须由选举产生的国家公职人员的权利。

根据我国相关法律规定，我国的选举必须遵循以下基本原则：

第一，普遍、平等的选举原则。一方面有利于真正实现广大人民群众当家做主的地位，维护和行使公民权利；另一方面，能充分调动广大群众参与社会主义现代化建设的积极性和创造性，推动社会的进步与繁荣。

第二，直接选举与间接选举相结合的原则。国家公职人员由选民直接选出的制度，称为直接选举。国家公职人员不由选民直接选出，而先由选民选出代表，再由选民代表投票选出的选举制度称为间接选举。

第三，差额选举的原则。差额选举是指候选人数多于应选人数的选举。实行差额选举，一方面有助于选民选举出自己满意的代表，另一方面也使候选人有压力，促使其积极工作、密切联系群众。实行差额选举是我国选举制度的一项重大进步。

资料链接

关于选区划分，《中华人民共和国选举法》第二十四条、第二十五条规定，“选区可以按居住状况划分，也可以按生产单位、事业单位、工作单位划分。”“选区的大小，按照每一选区选一名至三名代表划分。”“本行政区域内各选区每一代表所代表的人口数应当大体相等。”

根据《中华人民共和国宪法》和《中华人民共和国选举法》的规定，我国的选举必须经过划分选区、选民登记、提名候选人、投票选举、公布选举结果等法律程序。

选举权和被选举权是庄严、神圣的，它是公民行使国家权力、管理国家事务的基础，是公民的基本政治权利。因此，我们必须十分珍惜，认真对待。公民作为社会的主人，一方面应该出于公心，以人民利益为重，要了解候选人的品德和能力表现，在理性思考、判断的基础上审慎投票；另一方面，当有幸成为人民代表时，要不负人民的重托，认真履行自己的职责，代表人民向政府积极献计献策。

公民享有的第二项基本政治权利是积极参与民主决策。政府的重大决策涉及社会各阶层的利益，关系千家万户的生活，因此，决策是否科学、合理至关重要。通过民主选举，选出代表人民意志的代表进入决策机关，参与、审议、监督、制定决策，使各项决策能够反映最广大人民群众的根本利益。同时，随着我国民主形式日益丰富、民主渠道逐步拓宽，公民将有更多的机会直接参与决策，对科学决策的形成发挥更加积极的作用。

第一，公民可以直接向决策机关反映意见、提出建议，这是公民通过社情民

活动平台

模拟听证会

目　　标：了解召开听证会的主要目的、方法和过程。

步　　骤：事先由教师拟定听证内容，比如就学生宿舍必须在晚上 10 点统一熄灯一事，让学生上课前以小组为单位准备，分角色扮演不同身份的听证者，课上举行模拟听证会。

资料链接

社会公示方式根据内容确定，分别或连续采用事先公示、事中公示、事后公示等方式在新闻媒体、相关会议、文件通报、单位政务公开栏和有关行政村、基层站所公告栏上进行。有关内容在向社会公示前，必须按规定程序办理。对公示后的群众反映、建议和举报，按照“事事有着落、件件有回音”的要求，由有关职能部门、乡镇受理并予以答复。

意反映制度参与民主决策。

第二，专家学者利用自己掌握的专业知识、相关信息等，对专业性、技术性较强的重大事项进行分析论证，这是公民通过专家咨询制度参与民主决策。

第三，决策机关将涉及公共利益的各项决策进行公示，公民在了解有关内容后发表意见，提出建议，这是公民通过重大事项社会公示制度参与民主决策。

第四，公民还可以通过社会听证制度参与决策。

公民通过各种渠道、采用多种方式参与决策过程，是推进决策科学化、民主化的重要环节。

（二）公民行使监督权的主要途径

- 为什么要实行民主监督？
- 公民可以通过什么方式进行民主监督？

资料链接

《中华人民共和国宪法》规定：“一切国家机关和国家工作人员必须依靠人民的支持，经常保持同人民群众的密切联系，倾听人民的意见和建议，接受人民的监督，努力为人民服务。”

《中华人民共和国宪法》规定：“中华人民共和国公民对于任何国家机关和国家工作人员，有提出批评和建议的权利；对于任何国家机关和国家工作人员的违法失职行为，有向有关国家机关提出申诉、控告或者检举的权利，但是不得捏造或者歪曲事实进行诬告陷害。”

政府的权力来自于人民，国家机关及其工作人员的活动必须接受公民的监督，这是我国宪法确立的一项重要政治制度。公民依法积极行使自己的监督权，有助于促进国家机关提高决策水平和办事效率，加强廉政、勤政建设，督促国家机关工作人员严格依法办事，杜绝违法乱纪现象，维护国家利益和公民的合法权益。我国公民的民主监督权主要有批评和建议权、申诉权、控告权及检举权等。

为了确保公民顺利行使监督权，国家还建立了人民代表联系群众以及信访、举报和新闻监督等具体制度，为公民行使民主监督权提供了具体途径与便利渠道。

第一，通过人民代表进行监督。一方面，人民代表通过人民代表大会行使选举权、询问权、罢免权、表决权等权利，可以对国家机关及其工作人员起到相应的监督作用；另一方面，人民代表又必须密切联系群众，听取和反映他们的意见和要求，并接受原选区选民或者原选举单位的监督。这样公民就可以通过人民代表行使批评、建议等权利，间接实现对国家机关及其工作人员的监督。

第二，通过信访、举报等方式进行监督。利用信访渠道进行监督的内容十分广泛，涵盖国家和社会各个领域的一切问题。为了保障公民监督权的实现，我国对公民的来信来访极为重视，从中央到地方，各级党委、人大、政府、法院和检察院等国家机关都设有专门处理信访事务的工作机构，或配备信访专职干部。在信访时，公民应当如实反映情况，不得捏造、歪曲事实，不得诬告、陷害他人，否则也需要承担相应的责任。

公民可以通过一定方式和途径，将自己所发现和了解的国家机关及其工作人员的违法失职行为，向行政监察机关或检察机关予以揭发检举并要求依法惩处。

第三，通过新闻媒体进行监督。新闻媒体是公民实现言论自由，进行民主监督的重要途径。随着公民民主监督意识的不断提高和新闻媒体自身建设的加强，新闻媒体在民主监督方面的作用也越来越明显。公民可以通过向新闻媒体反映情况、提供线索或者积极参与新闻媒体组织的其

资料链接

"3·15晚会"是由中央电视台联合国家政府部门为维护消费者权益在每年3月15日晚共同主办并现场直播的一台大型公益晚会。它唤醒了消费者的权益意识，成为规范市场秩序、传播国家法规政策的强大平台。"3·15晚会"已成为亿万消费者信赖的舆论阵地，成为国家有关部委规范市场秩序的重要力量。

两会观察：两会微博问政成时尚

自两会后，全国人大代表王梅珍便成了“微博达人”，聚集了近5万“粉丝”。

王梅珍只是“微博代表”的一员。随着网络的普及，互联网在中国民众的政治、经济和社会生活中扮演着日益重要的角色，成为中国公民行使知情权、参与权、表达权和监督权的重要渠道。

据相关调查，超七成公众认为网络表达将成中国民主建设的新通道，近六成人认为有助于拉近政府与民众距离。

2011年被专家和网民称为“政务微博元年”，越来越多的政府部门开设“官方微博”。同时，织“围脖”成为许多干部征求民意的重要渠道。微博正以其“秒互动”的传播优势，开启“人人都是参政者”的新阶段。

“中国正在用日益开放的民主姿态，让全民参与到参政议政中。”正在巴黎用互联网关注全国两会的法国华侨张宏伟告诉记者，他将积极运用微博，参与中国两会。

他活动，实现对国家机关及其工作人员的民主监督。

实行民主监督，既有利于改进国家机关及其人员的工作，也有助于激发广大公民关心国家大事、为社会主义现代化建设出谋划策的主人翁精神。公民在行使监督权时，一方面，为了国家和人民的利益，要敢于同邪恶势力作斗争，勇于行使法律规定的监督权；另一方面，必须采取合法方式，坚持实事求是的原则，不能干扰公务活动。

二、为人民服务的政府

（一）政府的含义及性质

我国宪法规定，国务院即中央人民政府，是最高国家行政机关；地方各级人我国的政府是如何构成的？
我国政府的性质是什么？

民政府是地方各级国家权力机关的执行机关，是地方各级国家行政机关。中央人民政府和地方各级人民政府共同构成了我国的政府。

名词点击

政府是国家权力机关的执行机关，是国家行政机关。政府一般设公安、司法行政、国防、外交、财政、工业、农业、商业、交通运输、科技、文化、教育、卫生、环境保护等职能机构，分别管理国家各方面的行政事务。

我国的政府是为人民服务的政府。我国的社会主义国家性质，决定了政府的权力归根结底来源于人民。政府是由人民推举产生的，接受人民的委托，代表人民的意志。政府及其各级官员不是人民的主人，而是人民的公仆，其职能是为社会和人民掌权，维护人民的利益，利用人民赋予的公共权力为人民服务，对人民负责。因此，政府的施政准则要以人民的愿望、要求为中心，其工作的评估要以社会和公民的满意度为标准。

我国的政府是接受监督的政府。政府的权力是人民赋予的。权力不受制约和监督，必然导致滥用权力、滋生腐败。所以，政府必须依法行政，按照法律规定的权限和程序行使权力。政府行使权力必须接受人民的监督。

我国的政府是法治的政府。政府应该提供哪些服务、怎样服务，这取决于法律、法规的授权。同时，政府行使权力还必须严格遵循法定程序，按照公平、公正、公开的原则，提供规范化、高效率的服务。

我国的政府是信息透明的政府。现在政府正逐步把为人民服务的项目内容、范围、条件、程序和主办机构等明明白白地在各种新闻媒体上公开。政府信息透明了，人民知情权才有保障，才能随时观察政府是不是在为实现人民利益努力；政府信息透明了，人民才能够积极参政议政，充分表达民意，防止不当决策损害人民利益；政府信息透明了，政府官员才不敢懈怠，注重体察民情，顺应民意，接受监督，人民群众才能增强对政府的信任和信心。

对政府权力进行有效制约和监督的关键，是建立、健全制约和监督机制。一

最多跑一趟

靠民主，二靠法制，两者缺一不可。具体来说，发挥人民民主对权力的制约和监督，就要切实保障广大人民的知情权、参与权、表达权、监督权，使人民能够有效地监督政府权力的运行。加强法制对权力的制约和监督，就要坚持用制度管权、管事、管人，健全质询、行政问责、经济责任审计、引咎辞职、罢免等制度。目前，我国已经依据宪法和相关法律，建立起了比较完善的行政监督体系。

在制约和监督政府的同时，我们也必须树立政府的权威。政府的权威，是指政府在社会管理和公共服务过程中形成的得到人民认同的威望和公信力。政府的管理和服务是否被人民群众认可和接受，这是区别有权威与无权威的政府的标志。

实践证明我国的政府是具有中国特色的高效的、法治的、为广大人民服务的政府，我们要进一步坚持和完善我国的行政体制，进一步构建职责明确、依法行政的政府治理体系，让政府更加高效，让人民更加满意。

资料链接

党的十九大报告强调要转变政府职能，深化简政放权，创新监管方式，增强政府公信力和执行力，建设人民满意型的服务型政府。为人民服务是我们党和各级政府的根本宗旨，不论政府职能怎么转变，为人民服务的宗旨都不能有丝毫动摇。

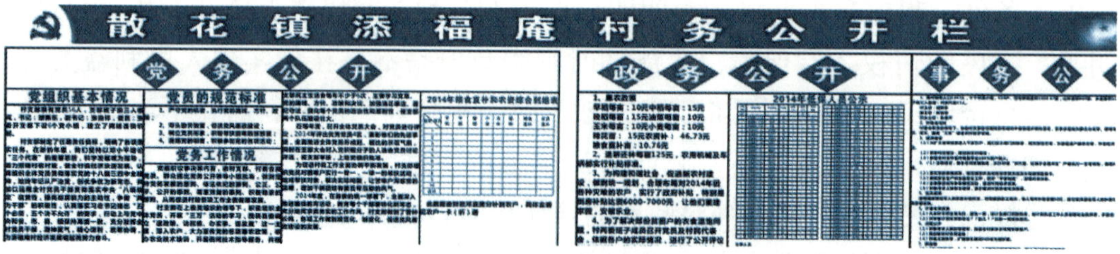

村务公开栏

（二）人民政府服务人民

我国政府的职能包括哪些方面？
遇到困难，我们可以怎样求助政府？

我国政府的基本职能包括经济调节、市场监管、社会管理与公共服务四个方面。

经济调节是指对社会总需求和总供给进行总量调控，并促进经济结构调整和优化，保持经济持续、快速、协调、健康发展。就其实质而言，政府发挥经济调节职能的过程，就是政府对国民经济的运行过程进行宏观调控的过程。

市场监管是指依法对市场主体及其行为进行监督和管理，维护公平竞争的市场秩序，形成统一、开放、竞争、有序的现代市场体系。市场经济运行如果缺乏政府管理，就会出现假冒伪劣、欺行霸市、侵犯专利权、走私贩私等损害他人利益的现象。因此，建设现代市场经济体制，要求我国不断加强政府的市场监管职能。

社会管理是指通过制定社会政策和法规，依法管理和规范社会组织、社会事务，化解社会矛盾，调节收入分配，维护社会秩序和社会稳定。任何社会都需要一定的秩序，为了维护一定的社会秩序，政府必须切实履行社会管理职能。

公共服务是指提供公共产品和服务，包括加强城乡公共设施建设，发展社会就业、社会保障服务和教育、科技、文化、卫生、体育等公共事业。公共服务是社会发展进步的需要。随着社会的发展，人们越来越多地要求社会经济发展的巨大成果惠及每一个人，尤其是对于平等的追求更加深了人们的这种愿望。在这种情况下，政府必须顺应民意，积极创造条件，保证每一个人的基本生活需求甚至更高的精神需求都能得到实现。因此，政府必须提供一系列公共产品和公共服务。

政府在我们的生活中始终扮演着越来越重要的角色。在复杂的社会生活当中，每个人都难免遇到困难，公民的合法权益可能受到侵害。这时，我们除了可以从单位、社会团体等方面得到帮助之外，还可以求助于政府。政府是与我们联系最密切的国家机关。我们的政府正在不断提高行政效率，增强服务意识，为公民求助或投诉提供多种途径。如开设热线电话，设立信访部门，发展电子政务，依法建立行政仲裁、行政复议和行政诉讼制度等。

第11课 履行义务，承担责任

案例引导

电动自行车如今已成为很多人生活中的“必需品”，但仍有市民骑行电动自行车时，缺乏基本的交通法律常识和安全意识。黄某某驾驶着一辆电动自行车不按规定在机动车道上行驶，与正常行驶的小型普通客车发生碰撞。事故造成电动车驾驶人黄某某受伤，两车受损。

校园里一些不文明现象也随处可见，如随地吐痰、口出脏话、破坏公物、破坏公共秩序等现象屡见不鲜，而浪费粮食、就餐插队、课上吃零食、书桌上乱刻乱画、上课手机铃声响不停等现象，青年学生都不会陌生。

这样的例子还有不少，这说明我国公民的公德意识仍有待提高，而遵守公共道德是每一位公民应尽的义务，广大青年更应努力成为遵守公德的楷模。

除了自觉遵守社会公德，公民还应自觉履行哪些义务？

公民应自觉承担哪些责任？

一、公民自觉履行的义务

（一）遵纪守法

我国是社会主义法治国家，坚持全面依法治国，是切实保障社会主义公平正义和人民权利的显著优势。《中华人民共和国宪法》在规定公民享有广泛的政治权为什么要遵纪守法？
怎样做一名遵纪守法的公民？

资料链接

劳动纪律大致包括以下内容：①履约纪律；②考勤纪律；③生产、工作纪律；④安全卫生纪律；⑤日常工作生活纪律；⑥保密纪律；⑦奖惩制度；⑧其他相关纪律。

利和自由的同时，也规定了公民必须履行的义务："中华人民共和国公民必须遵守宪法和法律，保守国家秘密，爱护公共财产，遵守劳动纪律，遵守公共秩序，尊重社会公德。"

遵纪守法是公民应尽的义务。纪律和法律都是规范和调整人们行为的准则，是人类社会必不可少的行为规范。纪律和法律的存在，使人类社会的活动变得有序有效，使社会成为一个有机的组织系统，有力地推动着社会、政治、经济、文化等各项事业的发展。遵纪守法是每个公民必备的道德品质，是现代社会生活对每个公民的基本要求。

在社会生活中，每个社会成员既要遵守国家颁布的有关法律、法规，也要遵守特定公共场所和单位的有关纪律规定。我们应当全面了解公共生活领域中的各项法律法规，熟知校规校纪，牢固树立法制观念，"以遵纪守法为荣，以违法乱纪为耻"，自觉遵守有关的纪律和法律。

遵守校规校纪

谈谈你所知道的校规校纪。为什么要遵守校规校纪？

遵守劳动纪律。劳动纪律，又称职业纪律，指劳动者在劳动中所应遵守的劳动规则和劳动秩序。劳动纪律是用人单位为形成和维持生产经营秩序，保证劳动合同得以履行，要求全体员工在集体劳动、工作、生活过程中，以及与劳动、工作紧密相关的其他过程中必须共同遵守的规则。从其内涵可知，劳动纪律的目的是保证生产、工作的正常运行。劳动纪律的本质是全体员工共同遵守的规则。

我们的学习、生活和工作都是在集体生活中进行的，每一个集体都有自己的规章和纪律要求，集体中的每一个成员都必须严格遵守。因此，青年学生应该从现在做起，严格执行学校纪律，为将来走向工作岗位养成良好的习惯。

怎样才能成为一名遵纪守法的公民呢？

第一，努力做到知法明纪。只有知道了应该做什么，不应该做什么，人们才能自觉地控制自己的行为，调整自己的行为，使之符合纪律和法律的要求。所以，青年学生应该不断学习法律知识，明了学校的各项规章制度。

第二，牢固树立遵纪守法意识。只有牢固树立遵纪守法意识，使纪律、法律这种外在强制性的他律要求变成人们内在的自律要求，才能自觉地遵纪守法。

第三，懂得纪律无情、法律无情的真正含义。自觉地约束自己的行为，在遵纪守法方面不能抱有无所谓的态度。漠视法纪的结果是极易触犯法纪，最终将受到法纪的惩罚。

（二）尊重社会公德

社会公德的主要内容都有哪些？

我们应注意遵守身边哪些公共秩序？

公共生活领域随着经济社会的不断发展而逐渐扩大，这是人类社会发展的必然趋势。在当代社会，公共生活日益成为社会成员生活的重要组成部分。

公共生活需要公共秩序，秩序之于社会，就像规矩之于方圆。没有规矩不成方圆，没有秩序社会便无法正常运行。秩序是由生活中的规范来制约和保障的。任何社会都有其公共生活规范和要求。公共生活领域越扩大，对公共生活秩序的要求就越高。公共秩序主要包括工作秩序、教学秩序、营业秩序、交通秩序、娱乐秩序、网络秩序等。

尊重社会公德是维护公共秩序的重要手段。青年学生应当自觉培养公德意识，养成尊重社会公德的良好行为习惯。在社会主义现代化建设的进程中，包括青年学生在内的每一个社会成员，都应遵守以“文明礼貌、助人为乐、爱护公物、保护环境、遵纪守法”为主要内容的社会公德。

文明礼貌。文明礼貌是社会交往中的必然要求，是调整和规范人际关系的行为准则，与我们每个人的日常生活密切相关。文明礼貌反映着一个人的道德修养，体现着一个民族的整体素质。

助人为乐。在社会公共生活中倡导助人为乐的精神，是社会主义的基本要求。助人为乐是我国的传统美德。

活动平台

社会公德小剧场

目　　标：了解我国当前的社会公德状况，对本学校的学生公德现状做调查。

步　　骤：课前由老师指导学生拟定调查提纲，让学生以小组为单位进行网上查阅资料和实地考察，上课时由学生汇报调查结论。学生可以根据自己的调查编写成剧本，课上分组表演。

爱护公物。对社会共同劳动成果的珍惜和爱护，是每个社会公民应当承担的社会责任和义务，它既显示出个人的道德修养水平，也是整个社会文明程度的重要标志。

保护环境。热爱自然、保护环境，从根本上说，是对全人类生存发展的利益的维护，也是我们为子孙后代应尽的责任。青年学生要牢固树立环境保护意识，身体力行，从小事做起，从身边做起，从自己做起，带头宣传和践行环境道德要求。

（三）依法服兵役

公民为什么要服兵役？

公民应依法履行哪些兵役义务？

由中国人民解放军、中国人民武装警察部队和民兵构成的武装力量是巩固国防、抵抗侵略、保卫国家的主要力量。公民依照法律服兵役和参加民兵组织，是武装力量存在和发展的人员保证。《中华人民共和国兵役法》明确规定：“中华人民共和国公民，不分民族、种族、职业、家庭出身、宗教信仰和教育程度，都有义务依照本法规定服兵役。”

公民履行兵役义务有服现役、服预备役、参加民兵组织、高级中学和高等院校的学生实施军事训练 4 种形式。广大青年学生，不仅有依法服兵役的神圣职责，而且还应当是应征青年的主力军和重要力量。

军人是全社会尊崇的职业。依法服兵役不仅是每位适龄青年的神圣职责，而且也是有志青年的正确选择。为国家尽义务，是报效祖国的实际行动，同时也是锻炼自我，实现自我价值的理想选择。许多成功人士都有当兵的经历，他们的成功有力地证明了“人生中有段当兵的历史，一辈子都不会后悔”。

二、公民自觉承担的责任

（一）维护国家统一和民族团结

我国公民最高的法律义务是什么？
我们该如何维护国家统一和民族团结？

国家的统一和民族的团结是我国社会安定和谐的前提和保证，是我国公民的最高法律义务。《中华人民共和国宪法》规定：“中华人民共和国公民有维护国家统一和全国各民族团结的义务。”因此，每个公民都有义务自觉维护国家主权独立、领土完整和民族团结，并与破坏国家统一和民族团结的言行做斗争。任何人都不得以任何形式破坏国家统一、制造民族矛盾和民族冲突。

坚持和完善“一国两制”制度体系，推进祖国和平统一。“一国两制”是党领导人民实现祖国和平统一的一项重要制度，是中国特色社会主义的一个伟大创举。“一国两制”方针是一个完整的体系。维护国家主权、安全、发展利益是“一国两制”方针的最高原则，在这个前提下，香港、澳门保持原有的资本主义制度长期不变，享有高度自治权。“一国”原则愈坚固，“两制”优势愈彰显。必须严格依照宪法和基本法对香港特别行政区、澳门特别行政区实行管治，以保持香港、澳门长期繁荣稳定，促进祖国和平统一。香港、澳门发展同内地发展紧密相连。要支持香港、澳门融入祖国内地，尤其是珠三角洲的发展。以粤港澳大湾区建设、

资料链接

祖国的统一是华夏儿女的期盼。为了早日实现祖国统一，中国共产党和中国人民做出了不懈努力。1997 年 7 月 1 日，中国政府恢复对香港行使主权；1999 年 12 月 20 日，中国政府恢复对澳门行使主权，祖国统一大业取得新进展。解决台湾问题，实现祖国统一，是全体中华儿女的共同心愿，是中华民族的根本利益所在。

资料链接

香港、澳门回归以来实现繁荣稳定，经济实力不断增强。香港、澳门 GDP 分别从回归当年的 13731、508 亿港元（约合 14705、542 亿元人民币）提高到 2019 年的 28448、4326 亿港元（约合 25041、3807 亿元人民币），相当于全国（含港澳台）的 2.3%、0.36%，分别接近于深圳、太原的经济规模。按不变价格计算，截至 2019 年香港、澳门 GDP 分别较回归当年增长 92%、285%。

香港、澳门人均 GDP 远超内地水平。2021 年，香港人均 GDP 达到 38.7 万港元（32 万元人民币），澳门人均 GDP 为 35 万澳门元（28.1 万元人民币），分别是内地平均的 4 倍和 3.5 倍。在过去的 25 年里，香港的商品贸易增长了 3.3 倍，是全球最大的离岸人民币中心，也是世界第四大的外汇交易市场，更在瑞士最新发布的《2022 年世界竞争力年报》中，排名从全球第 7 位上升至第 5 位。

粤港澳合作、泛珠三角区域合作等为重点，全面推进内地同香港、澳门互利合作。支持香港、澳门参与国家“一带一路”倡议。

解决台湾问题、实现祖国完全统一，是不可阻挡的历史进程。和平统一最符合包括台湾同胞在内的中华民族的根本利益。实现和平统一首先要确保两岸关系和平发展。一个中国原则是两岸关系的政治基础，体现一个中国原则的“九二共识”，明确界定了两岸关系的根本性质，是确保两岸关系和平发展的关键。坚持一个中国原则，体现了中国共产党维护民族尊严，捍卫国家主权和领土完整的坚定立场。要统一，就必须是一个中国。在推进祖国统一大业的过程中，一个中国原则，为台海局势的和平与两岸关系的发展提供了根本保证。

必须坚持“和平统一、一国两制”方针，坚持发展两岸关系、推进祖国和

资料链接

据海关总署统计，2011 年两岸贸易额为 1600.3 亿美元，2021 年两岸贸易额增长至 3283.4 亿美元，10 年间两岸贸易额翻了一番。两岸贸易额占大陆外贸的比重从 2011 年的 4.4% 增长至 2021 年的 5.4%，增长了 1 个百分点。据台湾方面统计，两岸贸易额占台湾外贸比重从 2011 年的 28.6% 增长至 2021 年的 33%，增长了 4.4 个百分点。大陆稳居台湾地区最大出口市场和最大贸易顺差来源地。

资料链接

2015年11月7日，中共中央总书记，国家主席习近平在新加坡同台湾地区领导人马英九会面，双方围绕推进和平发展，致力民族复兴的主题，就两岸关系坦诚交换意见，并就坚持“九二共识”，进一步推进两岸关系和平发展达成积极共识，这是自1949年以来两岸领导人首次会面，开创了两岸领导人直接对话沟通的先河，翻开了两岸关系历史性的一页。

平统一进程的八项主张，全面贯彻两岸关系和平发展重要思想，巩固和深化两岸关系和平发展的政治、经济、文化、社会基础，为和平统一创造更充分的条件。要始终坚持一个中国原则，坚决反对“台独”、坚持“九二共识”的共同立场，增进维护一个中国框架的共同认知。要持续推进两岸交流合作。深化经济合作，厚植共同利益。扩大文化交流，增强民族认同。密切人民往来，融洽同胞感情。促进平等协商，加强制度建设。积极探讨国家尚未统一特殊情况下的两岸政治、经济关系，开创两岸关系和平发展新前景。要努力促进两岸同胞团结奋斗，共同推进两岸关系，共同享有发展成果。要切实保护台湾同胞权益。坚决反对“台独”分裂图谋，绝不允许任何人任何势力以任何方式把台湾从祖国分割出去。

国家的统一、民族的团结，是我国顺利进行社会主义现代化建设的根本保证，也是实现公民的政治权利和其他权利的重要保证。

我们要自觉地促进民族团结和祖国统一，同一切破坏民族团结和祖国统一的思想、行为进行坚决的斗争。要努力学习掌握党和政府加强民族团结、实现国家统一的方针、政策及相关法律，努力增长才干，为全面开创各族人民共同团结奋斗、共同繁荣发展的新局面，为实现祖国统一做出自己的贡献。

（二）尊重民族习惯和宗教信仰

坚持各民族一律平等，铸牢中华民族共同体意识，实现共同团结奋斗、共同繁荣发展，是中国特色社会主义民主政治的特色和显著优势。我国是一个统一的多民族国家，56个民族在这片广袤的土地上繁衍生息，代代相传。尊重每一个民族的生活习惯是中华民族的优良传统。

由于各民族所处的地理环境不同，形成了不同的经济生活。各民族在经济上

> **资料链接**
>
> 在长期的历史发展进程中，我国的民族分布逐渐形成了以汉族为主体，各民族大杂居、小聚居、交错杂居的局面：在汉族的居住地区杂居着许多少数民族；在少数民族的聚居地也共同生活着汉族和其他少数民族。现在，全国几乎没有一个市、县的居民是由单一民族组成的。统一的多民族国家，是我国重要的国情之一。

互通有无，在技术上互相交流，促进了祖国各地多种经济的共同发展。

每一个民族都有自己的民族生活习俗，我国一些少数民族的大多数群众都信仰宗教。我们应充分尊重每一个民族的生活习惯和信教群众的宗教信仰，只有这样，我们这个多民族的国家才能更加繁荣兴旺。

当今世界70多亿人口中，相当一部分人都有不同的宗教信仰，有的民族和国家几乎全民信教。在我国，信仰宗教的人数比例虽然不大，但绝对人数不少。

宗教是人们对现实生活的虚幻反映，它是一种特殊的社会意识形态，属于唯心主义的世界观。宗教包括宗教信仰、宗教情感以及同这些信仰和情感相结合的宗教仪式和宗教生活规定，它们与宗教组织、神职人员和众多信教群众结合起来，就形成了一种不可忽视的社会力量。

宗教是历史悠久的社会现象，有其发生、发展和消亡的过程。它的存在有着深厚的自然根源、社会根源与认识根源。在社会主义社会，宗教还将长期存在。

宗教的社会作用具有两重性，既有积极的一面，也有消极的一面，还会受到国内外复杂因素的影响。在一定历史条件下和一定范围内，宗教对社会发展起到一定的积极作用，如宗教的一些教义、教规，宗教道德中的某些积极因素，在一定程度上起着调整人际关系的作用，与社会主义社会的公德要求有相通之处。

> **资料链接**
>
> 宗教不是从来就有的，是人类社会发展到一定历史阶段的产物。在原始社会末期，人们对雷电、风雨、洪水、火灾等一些自然现象无法理解，对人自身的梦幻和疾病死亡也认识不清，从而产生了恐惧。于是就认为有一种超自然的力量，即神在主宰一切。原始人为了求得生存，出现了崇拜和祈求神灵不要降祸于人的活动，逐渐产生了原始的宗教。

世界上流行最广、影响最深的宗教是基督教、伊斯兰教和佛教，被称为世界三大宗教。目前，我国的宗教主要有佛教、道教、伊斯兰教、天主教和基督教。

中华人民共和国成立以来，广大宗教人士爱国爱教，拥护社会主义制度，积极参加社会主义现代化建设，已经成为建设中国特色社会主义的积极力量。在社会主义中国，各宗教都有爱国传统，都倡导服务社会，造福人类。

我国尊重群众的宗教信仰自由，保障正常的宗教活动。

（三）执行国家的民族政策和宗教政策

党和国家处理民族关系的基本原则是什么？
党和国家处理宗教问题的基本原则是什么？

在民族问题上，中国共产党从我国国情出发，在少数民族地区实行民族区域自治制度。坚持民族平等、民族团结、各民族共同繁荣是我们党和国家处理民族关系的基本原则。

民族平等是实现民族团结的政治基础，民族平等和民族团结是实现各民族共同繁荣的前提条件。各民族的共同繁荣特别是经济发展，又是民族平等、民族团结的物质保证。

《中华人民共和国宪法》明确规定：“中华人民共和国各民族一律平等。”各民族只有人口多少和发展程度上的区别，绝无高低优劣之分；我国各族人民都对祖国的文明做出了贡献，都是国家的主人，都依法平等地享有政治、经济、文化和社会等方面的权利，依法平等地履行应尽的义务。坚持民族平等是我国处理民族关系的首要原则。在民族平等基础上，我国形成了各族人民和睦相处、友好往来、互相合作、共同奋斗，谁也离不开谁的大团结局面。

既要反对大民族主义，主要是大汉族主义，也要反对地方民族主义，要禁止

资料链接

深化民族团结进步教育，铸牢中华民族共同体意识，加强各民族交往交流交融，促进各民族像石榴籽一样，紧紧抱在一起，共同团结奋斗，共同繁荣发展。民族区域自治制度是我国一项基本政治制度。做好民族工作，最关键的是搞好民族团结，最管用的是争取人心，要引导各族群众，增强对伟大祖国、中华民族、中华文化、中国共产党、中国特色社会主义的认同。

对任何民族的歧视和压迫，要与极少数民族分裂分子进行坚决的斗争。

我国已经形成了平等、团结、互助、和谐的社会主义民族关系。这种社会主义新型民族关系已经由《中华人民共和国宪法》予以确认，也是我国各族人民在生活中能够体会到、感受到的。我们应该十分珍惜、不断巩固和发展这种民族关系。

在宗教问题上，我国实行宗教信仰自由政策，依法管理宗教事务，坚持独立自主自办的原则，坚持我国宗教的中国化方向。

宗教信仰自由政策。《中华人民共和国宪法》规定："中华人民共和国公民有宗教信仰自由。"《中华人民共和国宪法》还规定："国家保护正常的宗教活动。""任何国家机关、社会团体和个人不得强制公民信仰宗教或者不信仰宗教，不得歧视信仰宗教的公民和不信仰宗教的公民。"

名词点击

宗教信仰自由的内涵：公民有信仰宗教的自由，也有不信仰宗教的自由；有信仰这种宗教的自由，也有信仰那种宗教的自由；在同一宗教里，有信仰这个教派的自由，也有信仰那个教派的自由；有过去不信教而现在信教的自由，也有过去信教而现在不信教的自由。

依法管理宗教事务。我国政府依法对涉及国家利益和社会公共利益的宗教事务进行管理，是为了保护宗教界的合法权益和正常的宗教活动，制止和打击利用宗教进行的违法犯罪活动。

坚持独立自主自办的原则。《中华人民共和国宪法》规定："宗教团体和宗教事务不受外国势力的支配。"任何境外组织和个人不得干预我国的宗教事务。在中国教会和教会管理上，中国人自己管理教务，摆脱了外国人、外国教会的管理，建立了适合中国教徒需要的制度、典章、仪式。我国政府支持宗教界在平等友好的基础上开展对外交往，抵御境外势力利用宗教对我国进行渗透，坚决打击宗教极端势力。

坚持我国宗教的中国化方向。积极引导宗教与社会主义社会相适应，不是要求宗教界人士和信教群众放弃宗教信仰，而是要求他们热爱祖国、拥护社会主义制度、拥护中国共产党的领导，遵守国家的法律、法规和方针政策；要求他们从事的宗教活动服从和服务于国家的最高利益与民族的整体利益；支持他们努力对宗教教义做出符合社会进步要求的阐释；支持他们与各族人民一道反对一切利用宗教进行危害社会主义祖国和人民利益的非法活动，为民族团结、社会发展和祖国统一多做贡献。

尊重和保护宗教信仰自由，必须把正常的宗教活动和封建迷信活动严格区别开来。正常的宗教活动是在法律允许的范围内进行的，是信教群众表达宗教感情、举行宗教仪式、共度宗教节日的各种活动。迷信泛指对人和事物的盲目信仰和崇拜。现在社会上出现的迷信活动，多数是利用人们的鬼神观念、宿命观念等，使用占卜、看风水、算命等手段，以欺骗群众、索取钱财为目的的活动。对于少数利用封建迷信活动，妖言惑众，破坏社会生产、妨碍社会正常秩序、危害群众身体健康、骗钱害人者，必须予以取缔，依法严惩。

尊重和保护宗教信仰自由，必须严格区分宗教与邪教。宗教是人类历史上一种古老而又普遍的社会文化现象，是一种特殊的意识形态。邪教是一种假借宗教旗号，抄袭宗教某些内容，宣扬迷信邪说，进行违法犯罪活动的邪恶势力。邪教组织不同于正常的宗教组织，它是冒用宗教或其他名义建立，神化首要分子，利用制造、散布迷信邪说等手段蛊惑人心，发展和控制成员，危害社会的非法组织。

思维拓展

全面贯彻党的宗教政策，具有重要意义：

第一，有利于正确认识和处理我国的宗教问题。宗教作为一种社会历史现象，有其产生、发展和消亡的客观规律。只有在保障宗教信仰自由的前提下，通过建设社会主义物质文明和精神文明，才能逐步消除宗教得以存在的根源。只要社会的发展尚未具备宗教自然消亡的条件，就要尊重宗教客观存在的现实。我们不能用违反历史发展规律的方法去人为地消灭宗教，也不能用强制办法解决宗教信仰问题。

第二，有利于促进社会主义现代化建设。在我国，绝大多数的少数民族都信仰宗教，实行宗教信仰自由政策，尊重少数民族的宗教信仰，有利于民族团结和国家统一，而民族团结和国家统一是我国社会主义现代化建设取得胜利的根本保证。只有实行宗教信仰自由政策，才能调动宗教界爱国人士和广大信教群众的积极性；才能促进信教群众和不信教群众的团结，把他们的意志和力量集中到社会主义现代化建设上来。这也正是我国实行宗教信仰自由政策的出发点和落脚点。

- 宗教产生和存在的社会条件是什么？
- 宗教对社会的进步与发展会起到什么样的作用？

第12课

坚持和平发展道路

案例引导

维和舞台上：展现大国大责任

中国是联合国5个常任理事国中派出维和部队最多的国家，迄今走过了近30年的海外维和历程。活跃在各个任务区的中国维和官兵，彰显了中国爱和平、有担当、负责任的大国形象，为世界和平贡献了积极力量。

20世纪90年代至2020年4月，中国军队已累计派出维和军事人员4万余人次，先后参加了25项联合国维和行动，被国际社会誉为“维和行动的关键因素和关键力量”。中国维和事业不断向纵深发展，实现历史跨越。派兵地域上，由中东地区一个任务区拓展到亚、非两大洲多个任务区；派兵类型上，由单一的工兵分队拓展到步兵、工兵、运输、医疗、警卫、陆航等多种任务性质的分队；派兵规模上，由最初的5名军事观察员拓展到2019年2500余名军事维和人员，已成为联合国维和事业的中流砥柱；担任职位上，由军事观察员拓展到参谋军官、处长、部队司令等多个中高级岗位；维和摊款比重上，中国的出资额居世界第二；培训机制上，中国军队已建立初中高三级维和培训体系；对外交流上，中国国防部维和中心为培训维和人员和进行国际交流提供了重要平台，一些军官还走出国门为联合国组织的维和培训活动授课。中国维和官兵始终以过硬的素质出色完成各项维和任务，在国际维和舞台展现了中国军人的特有风采。

中国为维护国际和平与安全，积极响应和践行“人类命运共同体”理念，承担起了更大国际责任，体现了大国担当精神。这充分体现了中国坚定维护世界和平的决心和中国对联合国维和行动的坚定支持。

- 你知道联合国维和行动吗？
- 我国为什么要克服重重困难，积极参与维和行动？

一、中国在国际事务中的作用

（一）主权国家与国际组织

主权作为国家的最高利益，是一个国家的生命和灵魂，主权国家指拥有独立主权的国家，是国际社会的最基本成员。主权国家在国际社会中享有独立权、平等权、自卫权、管辖权等基本权利。

名词点击

独立权是指主权国家拥有按照自己的意志处理内政、外交事务而不受他国控制和干涉的权利。

平等权是指主权国家不论大小、强弱，也不论政治、经济、意识形态和社会制度有何差异，在国际法上的地位一律平等的权利。

自卫权是指主权国家拥有保卫自己的生存和独立的权利。

管辖权是指主权国家对其领域内的一切人和物具有管辖的权利。

在当代国际社会，主权国家在享有基本权利的同时，也应履行不侵犯别国，不干涉他国内政、外交，以和平方式解决国际争端等国际义务。

国际组织也是国际社会的主要成员。在当代国际社会中，一些国家、地区或民间团体，出于各种特定目的，通过签订条约或协议的方式，建立了有一定规章制度的团体，这就是国际组织。国际组织的主要机构、职权、活动程序以及成员单位的权利与义务，

资料链接

国际组织名目繁多，规模不一，如我们熟悉的联合国、世界贸易组织、国际奥林匹克委员会、欧洲联盟、东南亚国家联盟、非洲联盟等。国际组织可分为不同类型，有政府间的和非政府间的，有世界性的和区域性的。

资料链接

1945 年 4 月，中、苏、美、英等 50 个国家在美国旧金山举行联合国制宪会议，同年 6 月 25 日通过了《联合国宪章》。在多数签字国递交了批准书后，宪章于 1945 年 10 月 24 日生效，联合国宣告成立。后来人们把 10 月 24 日定为“联合国日”。

都以正式条约或协议为依据。

目前，联合国已成为当代国际社会中最具代表性的世界性、政府间的国际组织。联合国的主要机构有：联合国大会、安全理事会、经济及社会理事会、托管理事会、秘书处等。

联合国的宗旨是：维护国际和平与安全；发展国际间以尊重人民平等权利及自觉原则的友好关系；促进国际合作，以解决国际间属于经济、社会、文化及人类福利性质的国际问题；作为协调各国活动的中心。

联合国及其会员国应遵循的原则是：各会员国主权平等；履行宪章规定的义务；以和平方式解决国际争端；禁止对其他国家进行武力威胁或使用武力；集体协作；确保非会员国遵守上述原则；不干涉任何国家的内政。

中国作为联合国的创始国和安理会常任理事国之一，一贯遵循联合国宪章的宗旨和原则，支持按联合国宪章精神所进行的各项工作，支持联合国的改革，积极参加联合国及其专门机构有利于世界和平与发展的活动，在世界裁军、环境保护、保障人权和解决地区冲突等一系列全球性问题上发挥了重要作用，对世界和平与

活动平台

画联合国会徽

目　　标：理解联合国会徽含义，会画联合国会徽图案，把握联合国会徽含义。

步　　骤：课前指导学生从网上查出联合国的会徽及其含义，在课上画出联合国会徽图案，上讲台说一说图案上的世界地图的象征意义及图案中橄榄枝的象征意义。举一个实例说明联合国是如何实现其宗旨的。

发展做出了重要贡献。

（二）中国积极参与国际事务，展现大国影响力

我国积极承担了哪些国际义务？
我国为什么要倡导“一带一路”合作？

中国积极推进同周边的国家和地区的交流与合作，已成为周边国家的好邻居好伙伴。中国视周边外交为“首要”，本着“与邻为善、以邻为伴”的方针，坚持睦邻、安邻、富邻，突出体现亲诚惠容的理念，不断深化同周边国家的关系，为我国发展营造了良好的周边环境，也使我国发展更多地惠及周边国家。

中国积极参与多边事务，承担相应国际义务，已成为国际体系的积极参与者和贡献者，并在军备控制、贸易投资等国际机制中扮演重要角色。

资料链接

我国主导参与了亚太经合组织、上海合作组织，中国东盟 10+1 合作，东盟与中日韩（10+3）合作，大湄公河次区域合作等形式，积极推进双边和区域合作，共同营造和平稳定、平等互信、合作共赢的地区环境。

中国积极参与维和行动，已成为维护国际和平与安全的积极力量。中国是联合国安理会 5 个常任理事国中派出维和人员最多的国家。中国的维和人员素质过硬，作风良好，受到广泛赞誉。

中国海军在亚丁湾和索马里海域护航

资料链接

《巴黎协定》共29条，当中包括目标、减缓、适应、损失损害、资金、技术、能力建设、透明度、全球盘点等内容。只有全球尽快实现温室气体净零排放，才能降低气候变化给地球带来的生态风险以及给人类带来的生存危机。

中国政府履行义务，积极应对全球变暖等生态环境问题。2016年，中国加入《巴黎气候变化协定》，成为第23个完成批准协定的缔约方。《巴黎协定》是继1992年《联合国气候变化框架公约》、1997年《京都议定书》之后，人类历史上应对气候变化的第三个里程碑式的国际法律文本，形成2020年后的全球气候治理格局。中国主张在联合国框架内，按照共同但有区别的责任原则，加强国际协作，努力形成世界各国在协力保护环境中共同发展、在优化环境中持续繁荣的良好局面。

中国创造性地与一些国家互办“文化年”“国家年”活动，成为推动世界文化和谐的创造者和建设者。既为中国人民近观外国文化提供了很好的机会，又为外国人民了解中国文化提供了有效途径。“中国红”更是成为对象国的流行元素。

中国主导的丝绸之路经济带和21世纪海上丝绸之路的合作倡议是我国顺应世界经济全球化、区域经济一体化的时代大潮，深度融入世界经济体系，实现经济转型升级和可持续发展，谋求与沿线国家共同发展，共同繁荣的宏大发展倡议。

全国首趟陆海新通道中老铁路“铁路快通”出境班列开行

中法文化年活动图片

（三）坚定维护国家利益

什么是国家利益？

我国的国家利益有哪些？

国家之间、国际组织之间以及国家与国际组织之间的关系，就是我们通常所说的国际关系。其中，最主要的是国家与国家之间的关系。国际关系的内容包括政治关系、经济关系、文化关系、军事关系等。国际关系的形式也是多样化的，竞争、合作和冲突是其基本形式。国家之间出现分离聚合、亲疏冷热的复杂关系是政治、经济、文化、历史、地缘等多种因素综合作用的结果。

资料链接

2017年4月26日，我国第二艘航空母舰即第一艘自行研制建造的001A型航空母舰顺利下水，这标志着我国自主设计建造航空母舰取得重大阶段性成果。我国首艘国产航母成功下水，表明我国打破了以西方为首的霸权势力对航母建造技术的垄断，实现了中国百年航母梦。

我国第一艘自行研制的航空母舰“山东号”

国家利益是国家生存与发展的权益，维护国家利益是主权国家对外活动的出发点和落脚点。国家利益是国际关系的决定性因素。各国之间存在着复杂的利益关系，既存在某些共同利益，也存在利益差别乃至对立。国家间的共同利益是国家合作的基础，而利益对立则是引起国家冲突的根源。各国的国家性质和利益追求不同，执行的对外政策不同，国际关系复杂多变，因此国际社会需要协调国家间的利益，处理好国家间的矛盾，促进国际关系健康发展。

在当代国际社会，中国坚定地维护自己的国家利益。我国是人民当家做主的

资料链接

据联合国统计，20世纪两次世界大战中，约有6100万人死于战争，巨大的经济损失难以统计。第二次世界大战以后，全世界发生的军事冲突，约造成了2100万人死亡。

社会主义国家，国家利益与人民的根本利益相一致。维护我国的国家利益就是维护广大人民的根本利益，是完全正当的、正义的。我国的国家利益主要包括：安全利益，如国家的统一、独立、主权和领土完整；政治利益，如我国政治、社会、文化等制度的巩固；经济利益，如我国资源利用的效益、经济活动的利益和国家物质基础的增强等。

国家安全是安邦定国的重要基石，维护国家安全是全国各族人民根本利益所在。有效维护国家安全，要加强国家安全教育，通过对公民进行国家安全意识、国家安全观念、国家安全知识和自觉维护国家安全的教育，动员全社会共同努力，聚集起维护国家安全的强大合力，夯实国家安全的社会基础。

维护国家的安全必须有世界一流的人民军队。中国共产党绝对领导下的人民军队是实现我国国家安全的显著优势和重要保障。只有坚持党指挥枪，确保人民军队绝对忠诚于党和人民，才能有力保障国家主权和国家安全，维护国家发展利益。我们必须坚持和完善党对人民军队的绝对领导制度，确保人民军队忠实履行新时代使命任务。

二、谱写和平发展新篇章

（一）我国外交政策与全方位对外开放新格局

当今世界正处于大发展大变革大调整时期，和平与发展仍是时代主题。邓小平指出：现在世界上真正大的问题，带动全球性的战略问题，一个是和平问题，一个是经济问题或者说发展问题。

和平问题是指维护世界和平，防止新的世界战争。和平问题作为当今时代的两大主题之一，有两层含义：一是指和平有了现实的可能性，新的世界大战有可能避免。饱尝战乱之苦的世界各国人民渴望和平，反对战争；经济全球化

资料链接

和平与发展相互联系、互为条件。发展需要和平，和平离不开发展。维护和平是发展的前提，没有和平就不可能有发展。同样，发展经济又是维护和平的坚实基础。经济发展和繁荣，有利于和平力量的壮大，贫穷和落后是国际形势不安定的重要因素。

使世界各国之间相互依存的程度日益加深，国际上各种力量相互制约，有利于和平；核战争的毁灭性后果，使某些核大国不得不考虑自身的安全而不敢贸然发动战争。二是指当今世界仍很不安宁，战争的危险并未排除，和平问题尚未解决。总体和平、局部战乱，总体缓和、局部紧张，总体稳定、局部动荡，仍是国际局势发展的基本态势。世界人民还面临着争取和维护世界和平的艰巨任务。

发展问题是指世界经济的发展，特别是发展中国家经济的发展问题。第二次世界大战结束以来，在相对和平的国际环境中，世界经济有了很大发展。经济全球化是当今世界的一个基本特征。世界经济发展趋于注重提高质量，知识经济方兴未艾，经济可持续发展问题日益受到关注，追求发展成为时代的主流。

但是，当今世界仍是贫富悬殊的世界，发展中国家和发达国家的贫富差距越来越大。不公正、不合理的国际经济旧秩序还在损害发展中国家的利益。发展中国家比较普遍地存在贫穷和饥饿现象。全球发展的最突出问题是南北发展不平衡。

我国对外工作要坚持以新时代中国特色社会主义外交思想为指导，统筹国内国际两个大局，牢牢把握服务民族复兴、促进人类共同进步这条主线。外交是国家意志的集中体现，因此必须坚持维护党中央权威，加强党对外工作的集中统一领导，以实现中华民族伟大复兴为使命，推进中国特色大国外交。纵观人类历史，世界发展从来都是各种矛盾相互交织、相互作用的综合结果。我们应坚持以相互尊重、合作共赢为基础走和平发展道路，坚持深化外交布局，坚持以对外工作优良传统和时代特征相结合为方向塑造中国外交独特风范，打造更加完善的全球伙伴关系网络，努力开创中国特色大国外交新局面。

我国的国家性质和国家利益决定了我国奉行独立自主的和平外交政策。维护世界和平、促进共同发展是我国外交政策的宗旨；独立自主是我国外交政策的根本原则；和平共处五项原则是我国对外关系的基本准则；加强同第三世界国家的团结与合作是我国对外关系的基本立足点；坚持对外开放、加强国际交往是我国

名词点击

和平共处五项原则是指：相互尊重主权和领土完整、互不侵犯、互不干涉内政、平等互利、和平共处。互相尊重主权和领土完整，是五项原则的核心和基础；互不侵犯、互不干涉内政，是各国和平共处的保证；平等互利、和平共处是五项原则的目标。

的基本国策。

（二）构建人类命运共同体

世界正处于大发展大变革大调整时期，和平与发展仍然是时代主题。同时，世界面临的不稳定性不确定性突出，人类面临许多共同挑战。没有哪个国家能够独自应对人类面临的各种挑战，也没有哪个国家能够退回到自我封闭的孤岛，地球是我们共同的家园。

构建人类命运共同体的基本路径和发展方向主要是：

第一，相互尊重，平等协商，坚决摒弃冷战思维和强权政治，走对话而不对抗、结伴而不结盟的国与国交往新路。世界各国要摒弃零和游戏、你输我赢的旧思维，树立双赢、共赢的新理念，开辟国与国之间携手共进，共同发展的新时代。

第二，坚持以对话解决争端、以协商化解分歧，统筹应对传统和非传统安全威胁，反对一切形式的恐怖主义。当今世界，各国安全相互关联、彼此影响。面对传统和非传统安全威胁，世界各国要树立共同、综合、合作、可持续安全的新观念，走共建共享共赢的安全之路，增进互信与协作，共同应对安全难题，维护世界与地区和平。

第三，同舟共济，促进贸易和投资自由化便利化，推动经济全球化朝着更加开放、包容、普惠、平衡、共赢的方向发展。

资料链接

当今世界是一个高度相互依赖的世界，全球化的深入发展，把世界各国的利益和命运，更加紧密的联系在一起，形成了你中有我，我中有你的利益共同体。

第四，尊重世界文明多样性。以文明交流超越文明隔阂，以文明互鉴超越文明冲突，以文明共存超越文明优越。

第五，坚持环境友好合作，应对气候变化，保护好人类赖以生存的地球家园。

国家发展需要和平的国际环境和良好的外部条件。要统筹国内国际两个大局，就要坚定不移维护世界和平、促进共同发展。我们要始终坚持和完善独立自主的和平外交政策，积极参与全球治理，推动构建人类命运共同体，秉承共商共建共享的全球治理观，倡导多边主义和国际关系民主化。

思维拓展

维护我国南海权益

近来，围绕我国南沙群岛及附近海域的领海主权与海洋权益之争再起波澜。

南海资源丰富，位置重要，战略地位突出。当前，南海形势对我国非常不利，岛礁被占领、资源被掳夺、权益被侵犯。我国渔民在南海捕捞作业的范围越来越小，而且经常遭到周边国家武装力量的干涉。以美国为首的域外大国，在南海大搞军事演习，经常派舰船飞机擅自进入我国管辖海域及其上空进行侦察、环境调查以及反潜探测等。

破解南海困局，必须冷静思考，认清形势，抓住问题的关键，采取有力、有效措施进行反制。要讲法理、讲原则、讲策略。

讲法理，是说中国拥有南沙群岛及其附近海域的主权，有充足的历史依据和国际法理依据。应向国际社会明确公布我国南海管辖范围及其权利主张，重申“断续国界线”是我国南海管辖海域的外部边界线，界线以内的海域为中国管辖范围并享有相应的权利，对界线以内的岛屿和岩礁拥有领土主权。

讲原则，是说在涉及国家核心利益的原则问题上，绝没有让步可能。解决领土问题，主要办法是对话谈判、司法途径、诉诸武力等。中国希望和平解决南海争端，但要做好各种准备，包括军事准备，对一再挑衅绝不手软。

讲策略，是说要坚持我们在南海问题上的政策底线，即“主权属我，搁置争议，共同开发”。对于个别南海周边国家出尔反尔、不讲信用的言行，要坚决揭穿和抵制。

探究实践

一、探讨回答

党的十九大报告中提出，坚持和平发展道路，推动构建人类命运共同体。随着经济全球化的深入发展，世界各国形成了你中有我、我中有你的利益共同体，全球性挑战更需要各国通力合作来应对。坚持对话协商，建设一个持久和平的世界；坚持合作共赢，建设一个共同繁荣的世界；坚持交流互鉴，建设一个开放包容的世界，只有各国都树立人类命运共同体意识，才能共同应对挑战。打造人类命运共同体，顺应了当今世界潮流与历史大势，体现了中国在国际事务中的责任担当。

“命运共同体”一词，植根于传承千百年的中华文化。外交是历史文化的映射。打造人类命运共同体，是对“世界大同”“天人合一”等中华文化的接续传承，同坚持独立自主的和平外交政策、坚持和平共处五项原则、坚持互利共赢的开放战略、坚持推动建设和谐世界等中国外交理念一脉相承。

（1）结合材料和所学知识，探究如何运用中国智慧打造人类命运共同体。

（2）学校某社团计划举办“人类命运共同体”主题展览，请策划两个展览主题（每条不超过 30 个字）。

二、材料分析

材料一：某市某村坚持村民自治，由村民直接投票选举村委会成员，把依法办事、勤劳实干、热心为村民服务的人选举到村委会领导班子中；村民通过村民会议发表意见，参与本村公共事务的决策；村民共同制定村规民约，规范自己和村干部的行为；通过强化村务公开、民主评议村干部等形式，保证村民监督村委会和村干部的工作。上述一系列措施的实施，有力促进了该村和谐稳定发展。

结合材料，说明坚持村民自治对该村和谐稳定发展的作用。

材料二：党的十九大报告指出，必须把维护中央对香港全面管治权和保障特别行政区高度自治权有机结合起来。

2017 年 7 月 1 日是香港回归 20 周年。香港从一个默默无闻的小渔村发展成为享誉世界的现代化大都市，是一代又一代香港同胞打拼出来的。香港经常作为国家对外开放的试验场，在“先行先试”中占得发展先机。祖国始终是香港的坚强后盾，也是香港探索发展新路向、寻找发展新动力、开拓发展新空间的机遇所在。国家好，香港会更好！

注：全面管治权，既包括中央直接行使的权力，也包括授权香港特别行政区依法实行高度自治。对于香港特别行政区的高度自治权，中央具有监督权力。

结合材料，运用所学知识，谈谈维护中央对香港特别行政区全面管治权的依据。并就如何保持香港长期繁荣稳定提几点建议。

三、案例分析

案例一：某职业学校的一位毕业生在给《中国国防报》的信中写道：

人活在世上靠的是希望。有的人希望做赚大钱的商人，有的人希望当为人民做主的政治家，有的人希望做学识渊博的学者。我的希望是当一名普普通通的水兵，守卫祖国的海防。我从小就崇拜雷锋，我常想，要是能到部队里像雷锋一样当兵该多好！我的家乡是湖北省红安县。爷爷是红军，当年是贺龙部队里的一个警卫兵，在一次战斗中牺牲了。我崇拜爷爷这样的红军战士，崇拜为了人民幸福拯救国家的伟大领袖毛泽东，崇拜历史上收复台湾的郑成功……

我渴望当一名勇敢的水兵，为伟大祖国的海防事业立下丰功伟绩。希望部队能满足我的心愿。

（1）读完这封信后，你有何感想？

（2）为什么说保卫祖国、抵抗侵略是公民的神圣职责？

（3）帮这位同学想一想，他怎样才能如愿以偿。

案例二：中国政府派遣中国护航编队出海护航，出色地完成多次护航任务。护航行动是根据联合国安理会有关决议实施的，主要任务是保护中国航经亚丁湾、索马里海域船舶、人员的安全，保护世界粮食计划署等国际组织运送人道主义物资船舶的安全，履行国际人道主义义务。

用政治生活的相关知识，分析中国政府派遣海军舰艇编队远洋护航的意义。

四、社会体验

主题：社会公德现象调查

建议：教师带领学生，在一些公共场所，用相机捕捉拍摄遵守和违反社会公德的现象，拍摄完后在老师的指导和组织下做成幻灯片，在班中展示。

第五单元

建设社会主义现代化强国　共享美好生活

学习目标

1. 认知：了解中国特色社会主义社会建设和文化建设的相关知识，了解构建社会主义现代化国家和谐美好社会的总要求。理解社会主义核心价值观的基本内容和精神实质。
2. 态度：增强践行社会主义核心价值观的自觉性，认同构建社会主义和谐美好社会的总要求，正确对待各种文化，关注以人民为中心的健康中国战略。树立社会主义美好社会共建共治共享的观念。
3. 运用：从我做起，从小事做起，积极参与和谐美好社会建设的各项活动，自觉抵制各种不良文化意识的侵蚀，以实际行动化解、消除中国特色社会主义现代化强国建设中的不和谐因素。

自古以来，人们总是向往和追求“国泰民安”“政通人和”的美好社会生活。追求实现社会和谐美好是人类文明的价值目标之一，也是建设、发展中国特色社会主义现代化强国的基本要求。社会主义和谐美好社会宏伟蓝图的实现是一项长期的、系统的工程，需要全体社会成员的共同努力。同学们通过新时代中国特色社会主义现代化强国若干重要构成要素的学习与分析，认识现代化强国建设的总要求，懂得以社会主义核心价值观统领社会发展全局的重要意义，积极投身于新时代中国特色社会主义现代化强国的建设。

第13课 关注改善民生

案例引导

海南希望工程“实施教育扶贫，助力脱贫攻坚”计划中的“1+1”助学项目共结对帮扶了6万多名孩子完成学业，其圆梦行动项目累计筹集善款2.54亿元，帮助49956名学生顺利进入大学，并援建希望小学110所，直接受益学生10万多人。推出的公益课堂项目，目前已累计委派志愿者支教老师180多人，支持帮扶乡村学校55所，直接受益学生超过1万人。

带领人民创造美好生活，增进民生福祉是发展的根本目的，也是我们党始终不渝的奋斗目标。坚持在发展中保障和改善民生，多谋民生之利、多解民生之忧，在发展中补齐民生短板、促进社会公平正义，在幼有所育、学有所教、劳有所得、病有所医、老有所养、住有所居、弱有所扶上不断取得新进展，深入开展脱贫攻坚，保证全体人民在共建共享发展中有更多获得感，不断促进人的全面发展、全体人民共同富裕。建设平安中国，加强和创新社会治理，维护社会和谐稳定，确保国家长治久安、人民安居乐业。

关注民生问题的意义是什么？

新时代我国政府保障和改善民生的措施有哪些？

一、办人民满意的教育

（一）教育是中华民族伟大复兴和社会进步的基础工程

“百年大计、教育为本”。教育是以促进人的发展与社会进步为目的，以传授知识、经验为手段，培养人的社会实践活动。

13

为什么说教育能够促进人与社会的全面发展？

如何理解建设教育强国是民族复兴的基础工程？

教育作为一种培养人的实践活动，随着人类社会的产生而产生，随着社会的发展而发展。教育具有多方面的功能：

第一，教育的基础性作用是为现代化建设提供“智力支持”。教育是社会各项事业存续和发展的前提条件，通过教育向人们传授科学文化及生产知识，培养具有各种技能的专门人才和技术劳动者，从而为国家的现代化建设提供强有力的“智力支持”。

第二，教育是提高综合国力的关键。当今国际竞争突出地体现为综合国力的竞争，对一个国家来说，综合国力越来越集中地体现为拥有高新技术和创新人才的数量和质量。通过教育，培养和造就一批批适应现代化生产水平和技术管理水平，掌握和运用先进的生产技术、方法的高素质人才，是提高国际竞争力最重要的前提条件。

第三，建设教育强国是民族复兴的基础工程。建设科技强国、质量强国、航天强国等，必须首先建设教育强国。时代越是向前，知识和人才的重要性就愈发突出，教育的地位和作用就愈发凸显，教育是民族振兴、社会进步的重要基石，事关国家和民族的未来。

自改革开放以来，我国的教育事业已取得了令人瞩目的成就，特别是近年来，我国的教育事业全面发展，中西部和农村教育明显加强。目前，我国正处于从教育大国迈向教育强国的进程中。党中央明确指出：建设教育强国是中华民族伟大复兴的基础工程，必须把教育事业放在优先位置，深化教育改革，加快教育现代化，办好人民满意的教育。

资料链接

蔡元培先生说：“要有良好的社会，必先有良好的个人；要有良好的个人，必先有良好的教育”。我国著名的教育家陶行知先生说：“在教师手里操着幼年人的命运，便操着民族和人类的命运”。

资料链接

近几年来，根据党中央的总体要求，国家财政性教育经费占国内生产总值的比例始终保持在4%以上，为教育事业全面发展奠定了基础。2018年，我国学前教育毛入园率为81.7%，小学净入学率为99.95%，初中阶段毛入学率为100.9%，高中阶段毛入学率为88.8%，高等教育毛入学率为48.1%。从国际可比数据看，我国教育普及程度超过中高收入国家平均水平。

（二）新时代优先发展教育的战略部署

如何理解新时代优先发展教育的战略部署？

建设中国特色社会主义现代化强国，就要坚持德才兼备、选贤任能，聚天下英才而用之，培养造就更多更优秀人才的显著优势。要优先发展教育，就应该做到以下几点：

第一，坚持立德树人，进一步发展素质教育。立德树人是教育的根本任务，就是要坚持社会主义核心价值观导向，深入开展理想信念教育、中国精神教育以及法治国防教育等，帮助学生把所学知识内化为精神追求，外化为行动自觉。加强社会实践活动，以知促行，以行促知，学以致用，知行统一，使书本知识立体化，使学生对所学知识有获得感。

第二，促进教育公平，进一步完善职业教育。我国《宪法》规定，公民有受教育的权利和义务。依法保证公民享有受教育的权利，关键是机会公平，重点是

资料链接

中国精神是社会主义核心价值观的具体体现，是中华民族的灵魂。“实现中国梦必须弘扬中国精神。这就是以爱国主义为核心的民族精神，以改革创新为核心的时代精神。这种精神是凝心聚力的兴国之魂、强国之魂”。

资料链接

促基本，补短板，促公平，推动城乡义务教育一体化。重点从县域做起，逐步向有条件的市域扩展。巩固提高中等职业教育发展水平，促进普通高中多样化发展，不断提高新增劳动力平均受教育年限。

推动城乡义务教育一体化，根本措施是合理配置教育资源。

坚持正确的教育政策导向，建立健全惠及各类个层次学生的教育体系。高度重视农村义务教育，办好学前教育、特殊教育和网络教育。给予每一个符合条件者特别是家庭困难者接受教育的机会。努力让每个孩子都能享有公平而有质量的教育，都能成为有用之才。

完善职业教育和培训体系，共同优化创新型、复合型、应用型和技术技能型人才培养机制，增强各类人才服务国家和区域经济社会发展、参与国际竞争的能力。

职业培训是指按照职业或劳动岗位对劳动者的要求，以开发和提高劳动者的职业技能为目的的教育和训练活动，属于非学历性的短期职业教育。职业培训的形式多种多样，包括从业前培训、转业培训、学徒培训、在岗培训、转岗培训及其他职业性培训等。

我国是正在推进工业化和现代化建设的发展中国家，要把先进的科学技术转化为现实的生产力，需要大量的高素质劳动者和技术技能型人才，大力发展中国特色的职业教育，对满足我国经济建设和社会发展客观需求、实现社会公平与均衡发展，及建立创业、创新性可持续性发展社会具有更重要的现实意义。

第三，秉持新发展理念，加快建设学习型社会。教育改革发展要以党的十九大精神为指导思想，以创新协调开放共享等新的发展理念为统领，完善职业教育和培训体系。办好网络教育和继续教育，我国将打造符合国情实际的网络化、数字化、个性化、终身化的教育体系，增进优质资源共建共享，以教育信息化带动

资料链接

网络教育利用电视及互联网等传播媒体的教学模式，可以随时随地上课。学生可以通过电视广播、互联网、辅导专线、课研社、面授（函授）等多种渠道互助学习。学习对象不受年龄和先前学历限制，也为广大已步入社会的群众提供了学历提升的机会。

教育现代化。

继续教育是指已经脱离正规教育，已参加工作和负有成人责任的人所接受的各种各样的教育，是对专业技术人员进行知识更新、补充、拓展和能力提高的一种高层次的追加教育。受教育者在学历上和专业技术上已达到了一定的层次和水平，学习的目的是为了更新补充知识，扩大视野、改善知识结构、提高创新能力，以适应科技发展、社会进步和本职工作的需要。

总之，我国将通过多种途径和方式使绝大多数新增劳动力接受高中阶段教育及高等教育，进而办好继续教育。加强加快建设学习型社会，大力提高国民素质，搭起人人爱学、时时可学、处处能学、学有所用、学有所乐的学习型社会。

（三）大力发展职业教育

资料链接

学习型社会：在信息社会中，随着科学技术的迅速发展，信息与知识的急剧增长，知识更新的周期缩短，创新的频率加快，对人的素质的要求提高，人力资源的重要性增加，学习就成为个人、组织以及社会的迫切需要。

我国现行的职业教育体系包括两部分内容：

一是职业学校教育。职业学校教育是学历性的职业教育，分为中等职业学校教育和高等职业学校教育两级。中等职业学校教育是指在完成初中教育的基础上实行的职业学校教育，主要形式包括职业高中、技工学校、中等专业学校等。高等职业学校教育是指在完成高中教育基础上实行的职业学校教育。

二是职业培训。职业培训是指按照职业或劳动岗位对劳动者的要求，以开发和提高劳动者的职业技能为目的的教育和训练活动，属于非学历性的短期职业教

资料链接

职业教育是培养高素质劳动者和技能型人才的现代教育类型，其核心价值指向是使每个人都能学到“一技之长”（如今也被有的人称为“蓝金领”）。要完善职业教育和培训体系，深化产教融合、校企合作。国家通过教育发展宏观政策调控，大力发展多层次、多类型的职业教育。

育。职业培训的形式多种多样，包括从业前培训、转业培训、学徒培训、在岗培训、转岗培训及其他职业性培训等。此外，我国普通中小学在进行文化基础知识教育的同时，适当引入了职业教育的内容，对学生进行职业指导和开设有关职业课程，使学生获得初步的职业知识和职业技能。

我国是一个正在推进工业化和现代化建设的发展中国家，要把先进的科学技术转化为现实的生产力，需要大量的高素质劳动者和技术技能型人才，大力发展中国特色的职业教育对我国的经济建设和社会发展具有更重要的现实意义。

第一，大力发展职业教育是我国经济社会发展的客观需要。职业教育也被称为就业教育，职业教育的主要目标是适应劳动力市场的需要，培养各类有基本文化知识、专业技术实用能力和合格的思想政治素质的人才。通过发展职业教育，既满足了我国的现代化建设对各类初、中级专门人才及高素质劳动者的需要，又解决了社会就业及促进再就业问题，对促进我国走新型工业化道路、解决“三农”问题具有重要作用。

第二，大力发展职业教育是实现社会公平与均衡发展的需要，也是政府应尽的责任。职业教育是面向广大民众的教育，根据各地区经济建设和社会发展的实际需要，通过发展职业教育培养生产、服务、管理第一线需要的实用人才，既把我国巨大的人口压力转化为人力资源优势，又提高了国民素质。同时，大力发展职业教育也是实施科教兴国和人才强国战略，提高综合国力的体现。

第三，大力发展职业教育是教育事业可持续发展的需要。职业教育也被称为终身教育，是每一个人为适应社会发展需要，终身需要接受的一种教育。研究表明：就教育所传授知识的适用期来看，基础教育的知识可用 15 年，高等教育可用 10 年，而职业教育则只能用 5 年。发展职业教育，在基础学历教育基础之上构建职业继续教育体系，是教育本身遵循教育发展规律、实现教育事业全面协调可持续发展的需要，也是促进小康社会全面发展的必然要求。

资料链接

欧美等发达国家都非常注重发展职业教育，如英国的职业教育机构是独立经营的实体，职业教育分类繁多。德国实行校企合作的“双元制”职业教育形式，16 岁至 19 岁的青少年有超过 70% 的人接受职业教育。美国的高中教育中，进行职业课程教育的占 89% 左右。澳大利亚有 80% 的高中毕业生接受职业教育。

第四，大力发展职业教育是建立创业型、创新型社会的需要。职业教育也被称为创业教育，创业教育被联合国教科文组织称为学习的“第三本护照”，加强创业教育已经成为世界现代教育发展和改革的新趋势。职业教育通过实际操作教育，培养学生的创新意识和创新能力，使其善于认识和发现新事物、适应知识经济的发展，并具备相应的从业能力、发明创造能力，为成为自主创新型社会人才奠定素质基础。

活动平台

新时代职业人形象

目　标：理解职业人形象对企业发展的重要性，增强职业创新意识和工匠精神。

步　骤：课前以小组为单位选定一种职业，了解此项职业的行为要求；讨论确定形象设计方案，搜集相关参考资料，用计算机设计出代表职业人形象的宣传画；上课进行交流，并选出最佳职业人形象设计宣传画。

二、撑起护卫人民健康的保护伞

健康是每个人生存与发展的基础，是促进人的全面发展的必然要求；人民健康是生产力和经济社会可持续发展的重要保证，是民族昌盛和国家富强的一个重要标志，是一个国家和地区综合实力的反映，也是社会发展和文明程度的重要标志。因此，建立基本医疗卫生制度，是当今世界各国政府为其国民提供的基本公共服务事业之一。

（一）全面建立中国特色基本医疗卫生制度

- 谈谈中国特色基本医疗卫生制度的建设过程。
- 谈谈中国特色基本医疗保障体系的主要内容是什么？

1.3

中华人民共和国成立后，党和政府高度重视人们的健康状况，基本建立起由公费医疗制度、劳保医疗制度和农村合作医疗制度共同组成的医疗卫生制度体系。医疗卫生事业取得了令人瞩目的成就。1985 年，我国正式启动了医疗卫生制度改革，解决了医疗资源严重短缺的问题。特别是近年来，人民健康和医疗卫生水平大幅提高，但医疗卫生服务与人民日益增长的健康美好生活的需求还不完全适应。现阶段，医疗、社会保障等问题成为人们追求美好生活中极为关注的问题，完善其相关制度成为党和政府义不容辞的责任及工作中的重中之重。

我国基本医疗卫生制度是指由政府统一组织，向居民公平提供公共卫生和基本医疗服务的健康保障制度。我国目前的基本医疗卫生制度由公共卫生服务体系、医疗服务体系、医疗保障体系、药品供应保障体系组成。

基本医疗保障体系是由城镇职工基本医疗保险、城镇居民基本医疗保险、新型农村合作医疗和城乡医疗救助制度共同构成。

基本医疗卫生服务是指与我国社会主义初级阶段经济社会发展水平相适应的，国家、社会、个人能够负担得起的，投入低、效果好的医疗卫生服务。它既包括疾病预防控制、计划免疫、健康教育、卫生监督、妇幼保健、精神卫生、卫生应急、急救、采供血服务以及食品安全、职业病防治和安全饮用水等公共卫生服务；也包括采用基本药物，使用适宜技术，按照规范诊疗程序提供的急慢性疾病的诊断、治疗和康复等医疗服务。这项“基本医疗卫生服务”制度是新时期我国党和政府坚持以人为本，以改善民生为重点的社会建设的一项重要战略部署。

资料链接

党和政府从我国国情出发，着力开展了新型农村合作医疗和城镇居民基本医疗保障的试点工作，由于解决了农民医疗费用的后顾之忧，各地新型农村合作医疗制度的建立工作进展顺利，原定于 2010 年农村地区的“全覆盖”计划，2008 年已提前实现。与此同时，城镇居民基本医疗保险制度试点工作于 2007 年在有条件的省份已开始启动，城乡医疗救助制度也逐步完善。

（二）积极实施健康中国战略，搭建人民美好生活平台

基本医疗保障制度的重要意义是什么？
积极实施的健康中国战略是什么？

全民族健康水平，既是推动经济社会协调发展的源泉，又是经济社会发展的目的，是物质文明和精神文明的双重体现；在推进现代化强国建设进程中高度重视人们的健康问题，积极发展医疗卫生事业，也是实现社会公平正义、建设和谐美好社会的必然要求。

关于实施健康中国战略，党中央提出建立健全“三个制度一个体系”，即“深化医药卫生体制改革，全面建立中国特色基本医疗卫生制度、医疗保障制度和优质高效的医疗卫生服务体系，健全现代医院管理制度”，强化提高人民健康水平的制度保障。

坚持预防为主，深入开展爱国卫生运动，实施食品安全战略，倡导健康文明生活方式。预防控制重大疾病，坚持中西医并重，传承发展中医药事业。

三、全面建成多层次社会保障体系

（一）全面建成多层次、全覆盖的社会保障体系

为什么说社会保障是民生安全网、社会稳定器？
社会保障的基本要求是什么？

社会保障是民生安全网、社会稳定器，与人民幸福安康息息相关，关系国家长治久安。当前，中国特色社会主义已经进入新时代。必须适应我国社会主要矛盾已经转化为人民日益增长的美好生活需要和不平衡不充分的发展之间的矛盾这一客观要求，必须坚持以人民为中心的发展思想，坚持全覆盖、保基本、多层次、可持续的基本方针，按照“兜底线、织密网、建机制”的基本要求。构建覆盖全

资料链接

目前，虽然世界各国医保制度不尽相同，但概括起来讲主要有四种模式。①普遍医疗型：由国家承担医疗保障的绝大部分责任，以英国、瑞典为代表。②社会保险型：实施缴费和待遇相挂钩的社会医保制度，以德国、日本、韩国为代表。③市场主导型：以市场运作为主、政府仅为老人和低收入者提供基本医保的模式，美国是典型代表。④储蓄基金型：主要通过强制性储蓄积累方式，满足居民医疗保障需求，以新加坡为代表。

民、城乡统筹、权责清晰、保障适度、可持续地全面建成多层次社会保障体系，不断提高保障和改善民生水平，促进国家治理体系和治理能力现代化，推动经济社会发展朝着更高质量、更有效率、更加公平、更可持续方向前进。

社会保障制度是国家或政府根据法律规定，通过国民收入再分配，对公民在暂时或永久失去劳动能力，以及由于各种原因生活发生困难时给予物质帮助，保障其基本生活的一种社会安全制度。

社会保障制度是社会化大生产和现代市场经济的产物，是经济和社会共同进步的标志，是现代国家不可或缺的一项重要的基本安全制度，有社会的“安全器”“安全网”之称。社会保障主要包括社会保险、社会救济、社会福利、社会优抚和社会互助等内容，它们构成了一个完整的社会保障体系，其中，社会保险是社会保障的核心部分。

社会保险是指国家通过立法，多渠道筹集资金，对劳动者在因年老、失业、患病、工伤、生育而减少劳动收入时给予经济补偿，使他们能够享有基本生活保障的一项社会保障制度。主要包括养老保险、失业保险、医疗保险、工伤保险和生育保险五项内容。

社会救济是指国家和社会对因各种原因无法维持最低生活水平的公民给予无偿救助，以维持其最低生活水平的一项社会保障制度。社会救济的目的是保障公民享有最低的生活水平，给付标准低于社会保险，其经费来源主要是政府财政支出和社会捐赠。社会救济体现了浓重的人道主义思想色彩，是社会保障的最后一道防护线。

社会福利的概念有广义和狭义之分。广义的社会福利是指政府为全体社会成员创建有助于提高生活质量的物质和文化环境而提供各种福利服务，如公共卫生、

资料链接

2016年10月中共中央、国务院印发的《“健康中国2030”规划纲要》，是首次在国家层面制定的健康领域中长期战略规划，该规划提出了健康中国“三步走”的目标：2020年，主要健康指标居于中高收入国家前列；2030年主要健康指标进入高收入国家行列；2050年，建成与社会主义现代化国家相适应的健康国家。

安全的保障

公共娱乐、市政建设、家庭补充津贴、教育津贴、住宅津贴等。狭义的社会福利是指政府和社会向老人、儿童、残疾人等特殊群体提供必要的社会援助，以提高他们的生活水准和自立能力。

社会优抚是指政府和社会对军人等从事特殊工作者及其家属给予的优待、抚恤和妥善安置。主要包括提供抚恤金、补助金；举办荣誉军人疗养院、光荣院；安置复员退伍军人；为军队离退休干部提供服务等。社会优抚是一种特殊的社会保障，其目的在于安定军心，维护国家安全，促进社会稳定。

社会互助是指在政府鼓励和支持下，社会团体和社会成员自愿组织和参与的扶弱济困活动。社会互助具有自愿和非营利的特征，其资金主要来源于社会捐赠和成员自愿交费，政府往往从税收等方面给予支持。社会互助的主要形式包括：工会、妇联等群众团体组织的群众性互助互济；民间公益事业团体组织的慈善救助；城乡居民自发组织的各种形式的互助组织等。

资料链接

社会救助对象有三类：一是没有劳动能力、又没有生活来源的人，主要包括孤儿、残疾人以及没有参加社会保险且无子女的老人；二是有收入来源，但生活水平低于法定最低标准的人；三是有劳动能力、有收入来源，但由于意外的自然灾害或社会灾害，而使生活一时无法维持的人。

建设中国特色社会主义现代化国家，必须坚持和完善统筹城乡的民生保障制度，以满足人民日益增长的美好生活需要。完善覆盖全民的社会保障体系，使改革发展成果更多更公平惠及全体人民。

（二）提高就业质量和人民收入水平

为什么说就业是最大的民生？
为什么要加快建立健全社会保障制度体系？

就业是最大的民生。要坚持就业优先战略和积极就业政策，实现更高质量和更充分就业。大规模开展职业技能培训，注重解决结构性就业矛盾，鼓励创业带动就业。坚持在经济增长的同时实现居民收入同步增长、在劳动生产率提高的同时实现劳动报酬同步提高。坚持按劳分配原则，完善按要素分配的体制机制，促进收入分配更合理、更有序。

坚持以人民为中心，发展为人民的理念，把人民群众的小事当作自己的大事，从人民群众关心、让人民群众满意的事情做起，带领人民不断创造美好生活。

自改革开放以来，我国逐步建立起与社会主义市场经济相适应的社会保障制度，但总体来看还不完善，主要表现在社会保障覆盖面小，资金缺口较大以及整体计费水平高等方面。再加上社会保障对象的数量多、类型复杂等现状，我国社会保障工作面临着巨大的压力和挑战。因此，加快建立健全社会保障制度体系问题显得尤为迫切和重要。

第一，建立健全社会保障制度体系有利于劳动力自身的生产和再生产。通过社会保障制度，降低人们社会生活的风险，保障社会弱势群体的基本生活需要，保证劳动者自身的生产不会因为生活陷入困境而中断，通过对家庭的救助，有利于下一代的顺利成长。

第二，建立健全社会保障制度体系对国民经济的发展具有调节作用。社会保障能够刺激社会总需求，保证劳动力市场供需平衡，同时还能为国民经济的发展提供资金，如一些基金类的社会保障基金可用于社会的生产建设。

第三，建立健全社会保障制度体系是进行社会资源再分配的一种手段。通过调整社会成员的收入差距保证全体成员的基本生活，有利于社会的稳定，实现共同富裕，体现了社会主义的优越性。

总之，只有从我国的基本国情和经济社会发展的实际出发，坚持以人民为中心的发展思想，不断保障和改善民生、增进人民福祉，走共同富裕道路的显著优势。必须健全与我国目前经济发展水平相适应的幼有所育、学有所教、劳有所得、病有所医、老有所养、住有所居、弱有所扶等方面国家基本公共服务制度体系及社会保障体系，真正起到社会“安全网”的作用。以保障和改善民生为重点，多谋民生之利，多解民生之忧，解决好人民最关心最直接最现实的利益问题，满足人民多层次多样化需求。要健全有利于更充分更高质量就业的促进机制，构建服务全民终身学习的教育体系等，不断加强和创新社会管理水平，为促进社会的稳定与和谐提供重要的保证。实现中华民族的永续发展。

（三）健全社会公共安全体系

保证国家安全，是完善和发展中国特色社会主义制度，推进国家治理体系和治理能力现代化的有机组成部分。只有秉持共同、综合、合作、可持续的总体国家安全观，携手织密安全网，才能实现人民安居乐业，社会安定有序。

社会治理是社会建设的重大任务，是国家治理的基础。打造共建共治共享的社会治理格局是健全社会公共安全体系的重要保证。

共建是指两个或两个以上的机构或组织共同建设良好的社会秩序，强调社会治理主体的使命感和责任感。

共治是指优化整合多元力量，调动广大人民群众积极参与社会治理，强调社会治理主体的广泛性和多元性。

共享是指全体人民共同享有社会治理成果，强调社会治理主体都有更多的获得感和幸福感。

坚持和完善共建共治共享的社会治理制度，打造共建共治共享的社会治理格局，进一步加强社会治理制度建设，树立安全发展理念，弘扬生命至上、安全第一的思想。完善安全生产责任制，健全公共安全体系，保持社会稳定，维护国家安全。

13

思维拓展

材料：一位从纳粹集中营中逃脱的幸存者，战后当了一所中学的校长。每当一位新老师来到学校，他都会交给那位老师一封信，信中这样写道："亲爱的老师，我是一名纳粹集中营中的幸存者，我亲眼看到了人类不应当看见的情景：毒气室由学有专长的工程师建造；儿童被学识渊博的医生毒死；幼儿被训练有素的护士杀害；妇女和婴儿被受到高中或大学教育的士兵枪杀。看到这一切我疑惑了：教育究竟是为什么？我的请求是：请你帮助学生成长为具有人性的人。你们的努力绝不应当被用于创造学识渊博的怪物，多才多艺的变态狂，受过高等教育的屠夫。只有在使我们孩子具有人性的情况下，读、学、算的能力才有其价值……"

结合材料谈谈教育的宗旨是什么。

第14课

建设中国特色社会主义文化

案例引导

孔子学院，即孔子学堂（Confucius Institute），是中国国家对外汉语教学领导小组办公室在世界各地设立的推广汉语和传播中国文化与国学教育的非盈利性的社会公益文化交流机构。孔子学院最重要的一项工作就是给世界各地的汉语学习者提供规范、权威的现代汉语教材；提供最正规、最主要的汉语教学渠道。全球首家孔子学院2004年在韩国首尔正式设立。孔子学院总部设在北京，2007年4月9日挂牌。境外的孔子学院都是其分支机构，主要采用中外合作的形式开办。截至2020年初，全球162个国家（地区）建立541所孔子学院和1170个孔子课堂。中外专兼职教师总数超过4.6万人，各类面授学员155万，网络注册学员59.7万人。

孔子学院秉承孔子“和为贵”“和而不同”的理念，推动中国文化与世界各国文化的交流与融合，以建设一个持久和平、共同繁荣的和谐世界为宗旨，成为推广汉语教学、传播中国文化及国学的全球品牌和平台。

文化是一个国家、一个民族的灵魂。文化兴国运兴，文化强民族强。文化自信是一个国家、一个民族发展中更基本、更深沉、更持久的力量。没有高度的文化自信，没有文化的繁荣兴盛，就没有中华民族伟大复

- 孔子学院代表着一种文化，如何对待传统文化？
- 文化在当今社会起到什么样的作用？

14

一、文化与中国特色社会主义文化

（一）文化的特点和作用

文化是人类在社会历史发展过程中所创造的物质财富和精神财富的总和。文化是人类实践活动的产物，是人类社会发展的重要标志。社会是人的存在形式，社会本身就是一种文化现象。文化与人、社会、历史密切相关，人类社会发展的历史同时也是一部文化史。一般来说，文化具有以下几个方面的特点：

第一，文化具有创造性。创造性是文化的本质特征，凡是被称为文化的事物，都是由人的创造活动产生的。例如，我们使用的语言文字、头脑里的各种观念、各种产品、各种文学艺术等，都是人对自然进行加工改造的结果，是一种创造。创造是文化的本质特征。

第二，文化具有继承性。一种文化在人的实践活动中一经产生，在人群间交流，被他人接受、模仿，就能够跨越地域和时空传播，使文化由个别现象逐渐发展成为一种群体现象或普遍现象，如流行歌曲、时尚服饰、儒家思想、奥林匹克精神等。文化是传承的结果。

第三，文化具有地域性或民族性。不同国家、地区、民族在所处的地理环境、生产生活方式等方面存在许多差异，从而孕育出不同的文化，如表现在语言、教育、宗教信仰、生活习俗、饮食习惯等诸方面的差异性。

第四，文化具有价值性。文化作为一个群体或社会全体成员共同享有的成果，具有能够满足人们物质和精神生活需要的价值。虽然文化的内容可以改变，但是文化价值的传承是永不止步的。如长城在古代是军事工事，今天已经不再作为军事工事使用，而是中华民族精神的象征。

中国非物质文化遗产——川剧

文化作为人类活动的成果，与人及人类社会密切相关，并在人类社会的发展过程中起着至关

资料链接

电影《刮痧》讲述了一个关于中西方文化差异的故事。华裔孩子丹尼斯闹肚子，爷爷因为看不懂药品的英文说明，便用中国民间流传的刮痧疗法给丹尼斯治病，而这却成了父亲许大同虐待孩子的证据。法庭上，西医理论无法解释中医学，法官当庭宣布剥夺父亲许大同的监护权。爷爷因此事决定回国，为了让老人与孙子见一面，许大同从儿童监护所偷出儿子到机场送别，因此受到警方通缉，接着连续不断的灾难恶梦般地降临，一个原本幸福的家庭变得支离破碎。后来，在一家人不懈的努力和朋友的帮助下，终于向法庭证明什么是中国的“刮痧”疗法，一家人才得以团圆。

重要的作用。

第一，文化为人类提供思维和行为模式，促进人的社会化。社会化是人类特有的行为现象，是每个人适应社会生活的基础。人类拥有的一切文化知识都是后天学习所得，每个人的成长过程，就是不断接受文化，完成由自然人向社会人转变的过程。由于文化知识水平和理论认知程度的影响，使得人们形成相对稳定的认识、分析、解决问题等的思维方式和行为模式。

世界文化遗产——长城

第二，文化为社会发展提供智力支持，丰富人的精神世界。当一种新的文化产生后，一经传播就会引起社会的巨大变化。如爱因斯坦相对论的传播，打破了人类以往的绝对时空观；互联网的普及，更是为世人打开了一个缤纷的认识世界。文化还可以塑造人生，影响人的思想，渗透于社会生活的各个方面。如一曲优美的音乐，会令人心旷神怡、精神焕发。人们通过阅读、欣赏文学艺术作品，可以获得知识及对社会的认识能力。因此，优秀的文化作品是人类健康成长、全面发展不可或缺的精神食粮。

第三，文化在国家经济建设中起先导作用。文化以无形的力量影响支配着人们的思想和行为，甚至改变一个人的命运。对于一个国家或民族也是如此，特别是当今时代，国民素质的提高、经济实力的增强，以至于国家现代化建设事业的完成等都离不开文化的先导支持作用。

第四，文化是民族凝聚力和创造力的重要源泉。文化传承着一个民族共同的思维方式和行为模式传统，文化影响着全民族的认同感以及社会共同理想的确立和形成。所以，文化是民族的历史记忆和精神家园，是民族凝聚力的重要源泉。同时，文化的进步又是民族创造力的重要源泉和提升标志，是国家发展、民族振兴的重要支撑。

第五，文化为强国之魂。人类社会是一个由经济、政治和文化组成的相互作用的有机整体。文化是一定社会经济和政治的反映，同时又影响和作用于一定社会的政治和经济。文化的影响力渗透在经济实力、科技实力、国防实力等“硬实力”之中，文化实力的大小，影响着综合国力中物质实力的形成与发展，总体上反映着综合国力的强弱，文化是经济繁荣和社会进步的重要推动力量。

当今世界，文化的经济功能越来越强，已成为物质实力发挥作用的重要条件和物质实力提升的重要支柱。随着政治多极化、经济全球化和科学技术的日新月异，人们对文化在综合国力中的地位和作用的认识越来越深刻。文化不仅意味着过去，也预示着现在和未来，文化被称为一个国家的“软实力”，被誉为一个国家的“名片”，成为综合国力和国际竞争力中的一个重要的有机构成部分。作为社会生活三大基本领域之一的文化生活逐步走向产业化，并已成为世界经济中的支柱产业之一，文化产业被誉为21世纪的“朝阳产业”。

名词点击

文化产业是指以“文化创意”为核心，通过技术的介入和产业化的方式制造、营销不同形态的文化产品的行业。

改革开放四十多年来，我国的文化事业成绩斐然，并且迈出国门，走向世界。迄今为止，与世界上一百多个国家和地区的数千个外国和国际文化组织有着不同形式的交流。但是，我国总体文化水平还不高，消费总量过低，公众文化需求满意度不足1/4，与满足人们日益增长的精神文化生活需要及全面建成小康社会的要求还不相适应。因此，未来我国文化事业有广阔的发展空间，我们必须大力加强社会主义文化建设。

（二）发展中国特色社会主义文化

为什么要发展中国特色社会主义文化？

社会主义先进文化的内容是什么？

讲仁爱、重民本、守诚信、崇正义、尚和合、求大同等核心思想理念，自强不息、扶危济困、见义勇为、孝老爱亲等传统美德，求同存异、文以载道、俭约自守等人文精神是中华优秀传统文化精髓。习近平总书记明确指出："中国优秀传统文化的丰富哲学思想、人文精神、教化思想、道德理念等，可以为人们认识和改造世界提供有益启迪，可以为治国理政提供有益启示，也可以为道德建设提供有益启发。"

自古以来，中华民族的血脉中流动着"和"的基因，始终崇尚和平、和睦、和谐，强调"和而不同""以和为贵"，中国传统文化秉持正确义利观，主张互利共赢，坚持将国家利益与国际利益统一；西汉时期的中国曾开辟了"丝绸之路"，新时代的我们提出了"一带一路"构想，积极发展与沿线各国经济合作、文化交流，带动沿线经济发展，为全球治理提供中国方案。中国传统文化中的邻里间守望相助、和睦共处观念上升到政治治理角度，为地区和平安全发展提供中国经验。

革命文化也叫红色文化，是中国共产党领导人民在革命、建设、改革进程中创造的以中国化马克思主义为核心的先进文化，是在近代以来中华民族饱受挫折而浴火重生的历程中不断发展起来的，它始终关切国家和民族的命运。伟大的爱国实践不仅塑造了革命文化，更激励世人在文化自信的基础上，把握中国历史的发展轨迹以及革命文化的时代使命。中国的革命文化在中国革命和建设的各个历史阶段都发挥了极为重要的作用。

社会主义先进文化是对中华优秀传统文化和革命文化的继承和发展，是运用马克思主义为指导所进行的文化创造。社会主义先进文化的明显特征是中国特色

资料链接

中国传统优秀文化强调"天行健，君子以自强不息""公家之利，知无不为，忠也""吏不廉平，则治道衰""君子之守，修其身而平天下"等，其中蕴含的自强、公忠、廉洁、修身等理念具有鲜明的民族特色和时代价值，是中华文明传承至今没有中断的根基，是我们坚持文化自觉的底气、坚定文化自信的底色。

社会主义的共同理想、以爱国主义为核心的民族精神和以改革创新为核心的时代精神，以及社会主义荣辱观。在短短几十年的社会主义实践中，我们创造了中国道路、中国模式、中国奇迹，这已充分说明社会主义先进文化是有生命力的文化，是体现人类文明发展进步方向的文化。

中国特色社会主义文化，源自于中华民族五千多年文明历史所孕育的中华优秀传统文化，熔铸于党领导人民在革命、建设、改革中创造的革命文化和社会主义先进文化，植根于中国特色社会主义伟大实践。发展中国特色社会主义先进文化，广泛凝聚人民精神力量是国家治理体系和治理能力现代化的深厚支撑。必须坚持和完善繁荣发展社会主义文化制度。

第一，发展中国特色社会主义文化，就是要坚持马克思主义在意识形态领域指导地位这一根本制度，并全面落实到中国特色社会主义文化的建设中。在当前丰富多彩的文化生活中，也存在着落后及腐朽的文化。我们应分清良莠，以社会主义先进文化为理论导向，以形成全社会的共同理想信念为目的，开展共同理想、共同信念教育，引导人们树立健康的世界观、人生观和价值观。努力践行社会主义核心价值观，弘扬社会正气，自觉抵制不健康的思想文化渗透，不断提高全民族的思想道德素质和科学文化素质，增强中华民族的凝聚力。

第二，发展中国特色社会主义文化，就是要以彰显人文关怀为理念。坚持以人为本，关注人们的精神文化追求，注重人的自由和全面发展。在具体工作中，就是积极发展新闻出版、广播影视、文学艺术等事业，进一步丰富人们的精神文化生活，保障群众基本文化权益，消除文化贫困，实现文化公平。

第三，发展中国特色社会主义文化，要注意多元文化的兼收并蓄，倡导大众共享及文化的多元统一。文化是一个民族的血脉，传播、保护多元文化，促进不同文化间的交流与借鉴，是人类文化发展进步的必要条件。和谐文化就是一个由多种不同文化构成的文化体系，有传统的，也有现代的；有本土的，也有外来的；有全民族的，也有区域的；有占主导地位的，也有非主导性的。我国文化建设的一贯方针是坚持“双百”方针，满足人民群众不同层次、不同形式的文化需要。

资料链接

“百花齐放，百家争鸣”简称为“双百”方针，是 1951 年 4 月毛泽东为庆祝中国戏曲研究院成立而题写的贺词，此后“双百”方针成为促进社会主义文化发展和繁荣的方针。

针对目前我国的国情，应着力丰富农村偏远地区、进城务工人员的精神文化生活，注重城乡、区域文化的协调发展。

第四，发展中国特色社会主义文化，要加强不同文化间的交流与对话。经济全球化并非意味着政治、文化的全球化。建设和谐社会，离不开与世界文化的对话。建设和谐文化，必须从基本国情出发，以开放的姿态适应世界发展进步的潮流，借鉴世界优秀文明成果丰富自己。正确处理不同文化之间的关系，在差异中求同，在多样中整合，实现不同文化的和谐共处，形成与现代社会发展相协调的社会主义文化体系。

建设中国特色社会主义文化强国，要坚持以社会主义核心价值观引领文化建设制度。坚持共同的理想信念、价值理念、道德观念，弘扬中华优秀传统文化、革命文化、社会主义先进文化，促进全体人民在思想上精神上紧紧团结在一起的显著优势。坚持和完善繁荣发展社会主义先进文化的制度，巩固全体人民团结奋斗的共同思想基础。为国家治理体系和治理能力现代化提供深厚支撑，为构建我国社会主义和谐社会提供强大精神动力，为实现世界和谐奠定思想基础。

校园文化是指以学生为主体，以课外文化活动为主要内容，以校园为主要空间，以校园精神为主要特征的一种特殊的群体文化。青少年学生是全体社会成员中思想最活跃的群体，校园文化不但对学校有影响力，同时还是一个地方文化的缩影。因此，关注校园文化的发展对于学校及社会文化的发展都具有重要意义。

企业文化也称组织文化，是指一个组织由其价值观、信念、仪式、处事方式等组成的特有的文化。体育文化是指综合各种利用身体练习和提高人的生物学和精神潜力的范畴、规律、制度和物质设施等的总和，是一种竞技运动文化，直接关系到人的全面、健康发展。如奥运会经过一百多年的发展，已经成为世界上最

活动平台

制定网络文明公约

目　　标：理解网络文明对建设和谐美好文化、培养文明美好社会风尚的重要性，增强文明观念和意识。

步　　骤：课前以小组为单位，了解网络的作用和文化；制定网络文明道德公约相关参考资料，用计算机设计出代表网络形象的图标；上课进行交流，并选出最佳网络文明道德公约。

广泛的体育文化现象，互相理解、友谊、团结和公平竞争的奥林匹克精神传承着人类共建一个和平美好世界的理想和愿望。

网络文化是指通过电子计算机网络传播的各种人类符号表意系统。互联网作为信息平台与交流工具，给我们的社会生活带来诸多方便，网络信息内容广泛影响着人们的思想观念和道德行为。然而网络也是把“双刃剑”，网络文化的开放特性也会起到负面的传播和侵蚀作用，给社会风气带来不良影响。所以，加强网络内容建设，让正确道德取向成为网络空间的主流也是建设社会主义文化的重要方面。

因此，必须加强网络安全技术监管，加强网络公益宣传和网络公益规范化运行和管理，完善相关法规制度，依法惩治网络违法犯罪，强化网络综合治理。努力营造和维护良好的网络道德环境，注重网民文明自律网络行为的养成，自觉维护良好网络秩序，促进网络空间天朗气清。

二、坚定文化自信，积极践行社会主义核心价值观

（一）文化自信是更深沉的自信

文化自信的内涵是什么？

如何理解文化是一个国家、一个民族的灵魂？

文化是一个国家、一个民族的灵魂。文化自信是一个国家、一个民族发展中更基本、更深沉、更持久的力量。中华优秀传统文化博大精深，源远流长，培育和滋润了一代又一代的中华儿女。作为中华民族精神的主流底色，自古以来不仅对我国的政治、经济、文化等领域的发展具有巨大的影响，在整个中国文化传承体系中占有举足轻重的地位，对世界也产生了重大的感召力，是一个国家屹立不倒的根基所在。理所当然，文化自信也必将成为中华民族伟大发展的底气和自觉力。

中华文化凝聚着中华民族自强不息的精神追求和历久弥新的精神财富，只要我们做到古为今用、推陈出新，就能使中华文化成为发展社会主义先进文化的深厚基础，成为建设中华民族共有精神家园的重要支撑。这是我们培养高度文化自信的深厚底气。我们应尊重并了解传统历史文化，熟悉历史上为世界和祖国做出

贡献的杰出人物，热爱祖国的大好河山，了解不同的风土人情；关心时事，培养爱国主义情感；有爱心，能融入集体，献身社会。

（二）社会主义核心价值观及核心价值体系

社会主义核心价值体系包括哪几个方面？
社会主义核心价值观的内容是什么？

社会主义核心价值体系包括四个方面的基本内容，即马克思主义指导思想、中国特色社会主义共同理想、以爱国主义为核心的民族精神和以改革创新为核心的时代精神、社会主义荣辱观。

坚持社会主义核心价值体系提出必须坚持马克思主义，牢固树立共产主义远大理想和中国特色社会主义共同理想，培育和践行社会主义核心价值观，不断增强意识形态领域主导权和话语权，推动中华优秀传统文化创造性转化、创新性发展，继承革命文化，发展社会主义先进文化，不忘本来、吸收外来、面向未来，更好构筑中国精神、中国价值、中国力量，为人民提供精神指引。

资料链接

富强、民主、文明、和谐是国家层面的价值目标，自由、平等、公正、法治是社会层面的价值取向，爱国、敬业、诚信、友善是公民个人层面的价值准则。

社会主义核心价值观是社会主义核心价值体系的内核，体现社会主义核心价值体系的根本性质和基本特征，反映社会主义核心价值体系的丰富内涵和实践要求，是社会主义核心价值体系的高度凝练和集中表达。

富强就是国家经济实力、综合国力、人民生活水平提高到一个新的高度。国家富强了，人民才更有尊严，国家在国际上才更有发言权。民主就是公民有较高的民主意识；积极参与国家政治生活，管理国家事务和社会事务。文明就是社会上公民整体素养较高、社会风气纯正。和谐就是中国与其他国家和睦相处，汉族和少数民族和睦相处、共产党和民主党派和睦相处、公民之间也和睦相处，整个社会和谐有序。要建设有自由、地位平等、司法公正、依法治国的社会主义新型社会，需要我们共同奋斗去建设，因而，爱国、敬业、诚信、友善是对我们作为 21 世纪新时代公民提出的要求。

名词点击

诚信：主要是指人与人相处应该诚实无欺、讲究信用、言行一致。

友善：人与人之间的亲近和睦。“与亮友善”出自《三国志 · 诸葛亮传》。

（三）积极培育和践行社会主义核心价值观

培育和践行社会主义核心价值观意义是什么？

如何践行社会主义核心价值观？

社会主义核心价值观是当代中国精神的集中体现，凝结着全体人民共同的价值追求。面对新时代新要求，面对新征程新任务，持续深入地培育和践行社会主义核心价值观，具有重大而深远的意义。

现在，中国特色社会主义进入了新时代，我国发展处于新的历史方位，只有把培育和践行社会主义核心价值观作为一项重大任务来认识和落实，才能增强人们的道路自信、理论自信、制度自信、文化自信，确保中国特色社会主义始终沿着正确方向胜利前进。

核心价值观是一个民族赖以维系的精神纽带，是一个国家共同的道德基础。我们应该深培厚植、广泛践行体现社会主义本质要求、传承中华优秀传统文化。

培育和践行社会主义核心价值观是在世界文化激荡中保持民族精神独立、挺起民族精神脊梁的战略支撑。当今世界正处于大发展大变革大调整时期，各种文化交流交融交锋日益频繁。只有持续培育和践行社会主义核心价值观，大力传承和延续中华民族思想精髓、精神基因、文化血脉，才能更好构筑中国精神、中国价值、中国力量，使中华民族屹立于世界民族之林。

坚持从我做起、从现在做起；大力传承和弘扬中华优秀传统文化。

第15课

建设社会主义现代化强国人人有责

案例引导

1921年，在浙江嘉兴南湖的红船上，一群中国先进知识分子用真理之光洞穿历史重重迷雾，拥抱十月革命一声炮响送来的马克思主义。如今，在“两个一百年”奋斗目标交汇之际，习近平新时代中国特色社会主义思想，在南湖之畔激荡起愈发澎湃的前行动力。

嘉兴保持敢为人先、先行先试的改革锐气，见证了习近平总书记治国理政新方略的萌发并率先参与实践。十多年来，实施一百四十多项省级以上改革试点，统筹城乡发展水平列全省第一，城乡居民收入比为1.687∶1；所有县（市）均居全国县域经济百强县靠前位置；被确立为全省全面接轨上海示范区；成功承办三届世界互联网大会。

嘉兴是起航、凝聚、升华“红船精神”的地方。经过近百年光辉岁月的洗礼，红船沿着习近平新时代中国特色社会主义思想指引的新航向，开启新征程，在建设社会主义现代化强国的新征程中继续前进！

- 什么是“红船精神”？
- 作为一位普通中国公民，应如何自觉参与社会主义现代化强国建设？

一、凝聚在中国特色社会主义伟大旗帜下

中国特色社会主义道路，就是在中国共产党领导下，立足基本国情，以经济建设为中心，坚持四项基本原则，坚持改革开放，解放和发展社会生产力，建设社会主义市场经济、社会主义民主政治、社会主义先进文化、社会主义和谐社会、社会主义生态文明，促进人的全面发展，逐步实现全体人民共同富裕，建设富强

民主文明和谐的社会主义现代化国家。

驾车需要方向盘，行人走路靠路标，国家的建设也需要引领前进方向的旗帜。中国革命和建设正反两个方面的实践经验告诉我们，旗帜问题关系到一个党、一个国家的前途和命运，举着什么样的旗帜，就会指出什么样的方向，走出什么样的道路。

中国特色社会主义思想从理论和实践的结合上系统回答了在中国这样人口多底子薄的东方大国建设什么样的社会主义、怎样建设社会主义这个根本问题。革命与建设的实践充分证明，中国特色社会主义是当代中国发展进步的根本方向，只有中国特色社会主义才能发展中国。

中国特色社会主义制度是党和人民在长期实践探索中形成的科学制度体系，我国国家治理体系和治理能力是中国特色社会主义制度及其执行能力的集中体现。今天，要建设中国特色社会主义现代化强国，就必须凝聚在中国特色社会主义伟大旗帜下，凸显中国特色社会主义制度优势，坚持和完善中国特色社会主义制度，推进国家治理体系和治理能力现代化。

（一）中国特色社会主义事业总体布局和战略布局

什么是五位一体总体布局？

我们为什么要坚持绿色发展，建设美丽中国？

中国特色社会主义事业总体布局和战略布局是指经济建设、政治建设、文化建设、社会建设、生态文明建设五位一体布局和全面建设社会主义现代化国家、全面深化改革、全面依法治国、全面从严治党四个全面的战略部署。这“五大建设”是相互影响的有机整体，经济建设是根本，政治建设是保障，文化建设是灵魂，社会建设是条件，生态文明建设是基础。生态文明是超越耗费大量自然资源、造成环境严重污染的工业文明的一种新文明形态，要把生态文明观念贯穿到中国特色社会主义的经济建设、政治建设、文化建设、社会建设的始终，体现在生产方式和新时代美好生活方式里。坚持和完善生态文明制度体系，促进人与自然和

谐共生，这是新时代建设中国特色社会主义现代化强国的客观要求。“四个全面”中全面建设社会主义现代化国家是战略目标；全面深化改革、全面依法治国、全面从严治党是三大战略举措，为全面建设社会主义现代化国家提供重要保障。“四个全面”战略布局是一个整体战略部署的有序展开。“四个全面”的内容有机相连，相辅相成。

“五位一体”总体布局和“四个全面”战略布局相互促进、统筹联动，从全局上确立了新时代坚持和发展中国特色社会主义的战略规划和部署，为我们在新的历史起点上建设中国特色社会主义指明了前进的方向。我国国家治理一切工作和活动都必须依照中国特色社会主义制度展开，坚持全国一盘棋，凸显调动各方面积极性，集中力量办大事的显著优势。坚持稳中求进工作总基调，统筹推进“五位一体”总体布局，协调推进“四个全面”战略布局，抓住战略重点，实现关键突破。在推动经济发展的基础上，建设社会主义美丽国家。这对于为建设中国特色社会主义现代化强国以及全球实现可持续发展提供智慧方案，具有重要的理论意义和现实意义。

（二）中国特色社会主义进入新时代

我们党在社会主义初级阶段的总任务是什么？

第一，中国特色社会主义进入新时代，意味着飞跃，迎来光明前景。

中国特色社会主义进入了新时代，这是我国发展新的历史方位。意味着近代以来久经磨难的中华民族迎来了从站起来、富起来到强起来的伟大飞跃，迎来了实现中华民族伟大复兴的光明前景；意味着科学社会主义在二十一世纪的中国焕发出强大生机活力，在世界上高高举起了中国特色社会主义伟大旗帜；意味着中国特色社会主义道路、理论、制度、文化不断发展，拓展了发展中国家走向现代化的途径，给世界上那些既希望加快发展又希望保持自身独立性的国家和民族提供了全新选择，为解决人类问题贡献了中国智慧和中国方案。

第二，中国特色社会主义进入新时代是继往开来、乘胜前进的时代。

这个新时代是在新的历史条件下继续夺取中国特色社会主义伟大胜利的时代，是决胜全面建成小康社会、进而全面建设社会主义现代化强国的时代，是逐步实现全体人民共同富裕的时代，是全体中华儿女奋力实现中华民族伟大复

资料链接

鸦片战争后，外国列强对中国进行鲸吞蚕食，“四万万人同一哭，天下何处是神州？”中国共产党团结带领全国各族人民进行了艰苦卓绝的斗争。1949 年，毛泽东一声“中国人民站起来了”，多少中华儿女热泪盈眶、热血沸腾，中华民族终于挺直腰杆站了起来。旧中国积贫积弱，备受列强欺凌。只有社会主义才能救中国，也只有社会主义才能发展中国。经过改革开放以来的不懈奋斗，中国经济实力、科技实力、国防实力、综合国力进入世界前列。中华民族终于逐渐富了起来，中国特色社会主义进入了新的发展阶段。我们比历史上任何时期都更接近实现中华民族伟大复兴的目标，比历史上任何时期都更有信心、有能力实现这个目标。站起来，富起来，强起来！这个论断展现了我们党和国家事业发展的历史性变革，揭示了中华民族走向伟大复兴的历史逻辑。

兴中国梦的时代，是我国日益走近世界舞台中央、不断为人类作出更大贡献的时代。

第三，中国特色社会主义进入新时代是社会主要矛盾转化的时代。

我国社会主要矛盾已经转化为人民日益增长的美好生活需要和不平衡不充分的发展之间的矛盾。我们要在继续推动发展的基础上，着力解决好发展不平衡不充分问题，大力提升发展质量和效益，更好地满足人民在经济、政治、文化、社会、生态等方面日益增长的需要，更好地推动人的全面发展、社会全面进步。

目前我国社会主义的基本国情仍是处于并将长期处于社会主义初级阶段，我国的国际地位是世界上最大发展中国家。

党的基本路线仍是领导和团结全国各族人民，以经济建设为中心，坚持四项基本原则，坚持改革开放，自力更生，艰苦创业，为把我国建设成为富强、民主、文明、和谐、美丽的社会主义现代化强国而奋斗。

这条基本路线，以社会主义初级阶段理论为根本立足点，以“一个中心、两个基本点”即以经济建设为中心，坚持四项基本原则，坚持改革开放为核心内容，以富强、民主、文明、和谐、美丽的社会主义现代化国家为奋斗目标，概括并阐述了党在社会主义初级阶段的总的任务、总的方针、总的政策。它概括了建国以来特别是十一届三中全会以来我们党的主要经验，是当代中国发展必须遵循的根本路线。

二、习近平新时代中国特色社会主义思想

（一）习近平新时代中国特色社会主义思想的核心内容

习近平新时代中国特色社会主义思想核心要义是什么？
“十个明确、十四个坚持”是什么？

习近平新时代中国特色社会主义思想，是对马克思列宁主义、毛泽东思想、邓小平理论、“三个代表”重要思想、科学发展观的继承和发展，是马克思主义中国化最新成果，是党和人民实践经验和集体智慧的结晶，是中国特色社会主义理论体系的重要组成部分，是全党全国人民为实现中华民族伟大复兴而奋斗的行动指南。

习近平新时代中国特色社会主义思想核心要义是坚持和发展中国特色社会主义。最核心的内容是“十个明确”和“十四个坚持”。

“十个明确”，即明确中国特色社会主义本质的特征是中国共产党领导，中国特色社会主义制度的最大优势是中国共产党领导，中国共产党是最高政治领导力量，全党必须增强“四个意识”、坚定“四个自信”、做到“两个维护”；明确坚持和发展中国特色社会主义，总任务是实现社会主义现代化和中华民族伟大复兴，在全面建成小康社会的基础上，分两步走在本世纪中叶建成富强民主文明和谐美丽的社会主义现代化强国，以中国式现代化推进中华民族伟大复兴；明确新时代我国社会主要矛盾是人民日益增长的美好生活需要和不平衡不充分的发展之间的矛盾，必须坚持以人民为中心的发展思想，发展全过程人民民主，推动人的全面发展，全体人民共同富裕取得更为明显的实质性进展；明确中国特色社会主义事业总体布局是经济建设、政治建设、文化建设、社会建设、生态文明建设五位一体，战略布局是全面建设社会主义现代化国家、全面深化改革、全面依法治国、全面从严治党四个全面；明确全面深化改革总目标是完善和发展中国特色社会主义制度、推进国家治理体系和治理能力现代化；明确全面推进依法治国总目标是建设中国特色社会主义法治体系、建设社会主义法治国家；明确必须坚持和完善社会主义基本经济制度，使市场在资源配置中起决定性作用，更好发挥政府作用，把握新发展阶段，贯彻创新、协

调、绿色、开放、共享的新发展理念，加快构建以国内大循环为主体、国内国际双循环相互促进的新发展格局，推动高质量发展，统筹发展和安全；明确党在新时代的强军目标是建设一支听党指挥、能打胜仗、作风优良的人民军队，把人民军队建设成为世界一流军队；明确中国特色大国外交要服务民族复兴、促进人类进步，推动建设新型国际关系，推动构建人类命运共同体；明确全面从严治党的战略方针，提出新时代党的建设总要求，全面推进党的政治建设、思想建设、组织建设、作风建设、纪律建设，把制度建设贯穿其中，深入推进反腐败斗争，落实管党治党政治责任，以伟大自我革命引领伟大社会革命。

“十四个坚持”，即坚持党对一切工作的领导；坚持以人民为中心；坚持全面深化改革；坚持新发展理念；坚持人民当家作主；坚持全面依法治国；坚持社会主义核心价值体系；坚持在发展中保障和改善民生；坚持人与自然和谐共生；坚持总体国家安全观；坚持党对人民军队的绝对领导；坚持“一国两制”和推进祖国统一；坚持推动构建人类命运共同体；坚持全面从严治党。

（二）习近平新时代中国特色社会主义思想的历史贡献

习近平新时代中国特色社会主义思想的贡献有哪些？

习近平新时代中国特色社会主义思想的贡献有：

一是开辟了马克思主义新境界。实现了马克思主义基本原理与中国具体实际相结合的又一次飞跃，为发展马克思主义作出了中国的原创性贡献，在马克思主义中国化进程中具有里程碑意义。

二是开辟了中国特色社会主义新境界。深刻回答了新时代坚持和发展中国特色社会主义的一系列重大问题，为中国特色社会主义注入了新的科学内涵。进一步彰显了新时代中国特色社会主义的蓬勃生机和活力。

三是开辟了治国理政新境界。在习近平新时代中国特色社会主义思想指引下，我们党解决了许多长期想解决而没有解决的难题，办成了许多过去想办而没有办成的大事。

四是开辟了管党治党新境界。管党治党实现从宽松软到严紧硬的深刻转变，消除了党和国家内部存在的严重隐患，党在革命性锻造中更加坚强，焕发出新的强大生机活力。

当今世界正在发生广泛而深刻的变化，当代中国正在发生广泛而深刻的变革。我们要始终保持与时俱进的马克思主义理论品格，不断推进理论创新、实践创新、制度创新、文化创新，开创马克思主义中国化新境界，使马克思主义在 21 世纪的中国展现出更强大的生命力。

三、积极推进社会主义现代化国家建设

（一）新时代中国特色社会主义现代化建设目标

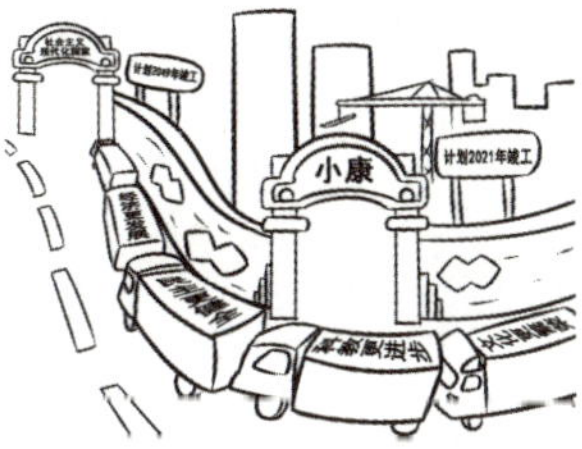

第一个阶段的建设目标是什么？

第二个阶段的建设目标是什么？

我国国家治理体系和治理能力是中国特色社会主义制度及其执行能力的集中体现。新时代，坚持和完善中国特色社会主义制度、推进国家治理体系和治理能力现代化，是全党的一项重大战略。

党的十九大报告及党的十九届四中全会公报清晰描画坚持和完善中国特色社会主义制度、推进国家治理体系和治理能力现代化，全面建成社会主义现代化强国的时间表、路线图：2020 年全面建成小康社会，到我们党成立一百年时，在各方面制度更加成熟更加定型上取得明显成效；在此基础上，再奋斗 15 年，到 2035 年，各方面制度更加完善，基本实现国家治理体系和治理能力现代化，基本实现社会主义现代化；到新中国成立一百年时，全面实现国家治理体系和治理能力现代化，使中国特色社会主义制度更加巩固、优越性充分展现，我国成为富强、民主、文明、和谐、美丽的社会主义现代化强国。

（二）加快建设改革开放创新型国家

创新型国家是指那些将科技创新作为基本战略，大幅度提高科技创新能力，

什么是引领发展的第一动力？
创新型国家的特征是什么？

形成日益强大竞争优势的国家。建设中国特色社会主义现代化强国，必须坚持改革创新、与时俱进，善于自我完善、自我发展，使社会充满生机活力的显著优势。作为创新型国家，应具备以下四个特征：

创新投入高，国家的研发投入即 R&D（研究与开发）支出占 GDP 的比例一般在 2% 以上；科技进步贡献率达 70% 以上；自主创新能力强，国家的对外技术依存度指标通常在 30% 以下；创新产出高，世界上公认的 20 个左右的创新型国家所拥有的发明专利数量占全世界总数的 99%。是否拥有高效的国家创新体系是区分创新型国家与非创新型国家的主要标志。创新是引领发展的第一动力，是建设现代化经济体系的战略支撑。

资料链接

世界上公认的创新型国家包括美国、日本、芬兰、韩国等。这些国家的创新综合指数明显高于其他国家所获得的三方专利（美国、欧洲和日本授权的专利）数占世界数量的绝大多数。

资料链接

百千万人才工程是原人事部、科技部、教育部等七部委联合组织实施的一项国家重大人才培养计划。其目标是培养造就数百名具有世界科技前沿水平的杰出科学家、工程技术专家和理论家；数千名具有国内领先水平，在各学科、各技术领域有较高学术技术造诣的带头人；数万名在各学科领域里成绩显著、起骨干作用、具有发展潜能的优秀年轻人才。

（三）自觉投身中国特色社会主义现代化强国建设

实现中华民族的伟大复兴，坚持好、发展好中国特色社会主义，把我国建设成为社会主义现代化强国，是一项长期复杂的系统工程任务，需要全体社会成员一代我们为什么要投身中国特色社会主义现代化强国建设？
作为学生，我们应该怎样投身中国特色社会主义现代化强国建设？

又一代人接续奋斗。作为新时代的青年学生，我们应积极投身于中国特色社会主义现代化强国建设的热潮中去，自觉做到：

第一，明确使命。青年是国家的希望、民族的未来。我们面临的新时代是实现中华民族伟大复兴的最关键时代。建设中国特色社会主义现代化强国，是我们党从中国特色社会主义事业总体布局和全面建设小康社会全局出发提出的战略目标任务，反映了社会主义现代化建设的内在要求，体现了全国各族人民的共同利益和愿望。作为青年学生，既是受益者，又是未来中国特色社会主义现代化强国的建设者。当代青年学生是同新时代共同前进的一代，既拥有广阔发展空间，也承载着伟大时代使命。从现在起，就要明确认识，并勇敢地肩负起时代赋予的神圣使命，积极投身到中国特色社会主义现代化强国的建设实践中去。

第二，志存高远。新时代对青年学生来说是最大的人生际遇，也是最大的人生考验。作为当代青年学生，要爱国励志，把爱国之情化为报国之行；要树立正确的世界观、人生观和价值观，把自己的人生理想和国家理想、社会理想紧密结合起来，

资料链接

东汉时有一少年名叫陈蕃，自命不凡，一心只想干大事业。一天，其父之友薛勤来访，见他独居的院内龌龊不堪，便对他说："孺子何不洒扫以待宾客？"他答道"大丈夫处世，当扫天下，安事一屋？"薛勤当即反问道："一屋不扫，何以扫天下？"陈蕃无言以对。

活动平台

环境志愿在行动

理　　解：环境保护对国家与美好社会发展的重要性，增强环保观念和意识。

步　　骤：课前以小组为单位；考察校园中的卫生死角；开展打扫和清除活动；写出环保行动体会，上课进行交流。

树立实现中华民族伟大复兴的远大理想，树立为人类幸福而工作的志向、做新时代的永久奋斗者；要树立高尚的道德情操，带头弘扬社会公德、职业道德和家庭美德，带头倡导健康文明的生活方式；要自觉践行社会主义核心价值观。

第三，勤奋学习。建设中国特色社会主义现代化强国，人才是第一资源。知识是每个人成才的基石，一定要求真学问，练真本领。要通过学习知识，掌握事物发展规律，通晓天下道理，丰富学识，增长见识。在不断学习、不断实践中注重掌握科学方法，培养科学精神，培养创新精神和创造能力，提高应对竞争和挑战的能力，努力成为社会发展所需要的高素质人才。

第四，投身实践。中国梦是历史的、现实的，也是未来的；是我们这一代的，更是青年一代的。中华民族伟大复兴的中国梦终将在一代代青年的接力奋斗中变为现实。青年学生要深刻认识世情、国情、乡情，身体力行，知行合一，做有理想、有学问、有才干的实干者。积极响应党的号召，到基层去，到艰苦环境中去。

思维拓展

2014年，援青干部帮助组建了当地第一支足球队——阿尼玛卿足球联队，开启了孩子们的足球梦。2015年，上海申鑫足球俱乐部、长安福特汽车公司和上海舜特体育带去了足球运动服、专业的足球训练器材和设备。高原的孩子，体能充沛，品质坚韧，训练刻苦不服输。2015年年底，这支全部由藏族孩子组成的特别球队被邀请到上海、广州和梅州开展足球交流活动，他们对足球的纯粹热爱，他们的吃苦拼搏精神，深深感染了大家，引起了社会、媒体广泛的关注。2016年，上海申鑫、广州富力等球队向果洛的少年发出要约，邀请加入职业足球队的训练，班玛成利小朋友还以“未来之星精英队”成员身份赴西班牙参加了精英训练营集训。2017年，越来越多的社会力量参加到这项工作中来，各界捐资捐物共计约300万元，支持当地建造了足球场。申鑫俱乐部还再次邀请他们到上海专门举办了足球夏令营。与此同时，一部以这个故事为背景的同名电影正在拍摄。足球带给高原的孩子们无穷的欢乐，更是通过足球打开了原本封闭的世界，点燃了他们的梦想，点亮了他们的未来……

你如何理解我国的脱贫攻坚问题？

探究实践

一、探讨回答

四十多年前还被看成是“欧洲的乞丐”的农业国家——爱尔兰，如今已成为世界最富有的国家之一，1968 年实行了免费高中教育，并同时推广免费高级技术培训，特别是爱尔兰的二元教育特色体系——大学：一般院校完成基础的理论研究，地区技术学院和理工学院则直接面向社会经济需求，提供技术和职业技能培训。这种教育，使爱尔兰成为世界上年轻学者和技术人才最丰富的国度：20 ~ 34 岁年龄段每千人拥有大学生 16 人，远高于美国和德国（美国是 7 人，德国是 5 人），为爱尔兰实现经济腾飞提供了充足的受过良好教育的劳动力资源。

（1）根据上述材料谈谈爱尔兰成功的原因。

（2）你认为中国的教育应如何发展？

二、材料分析

“一幅画、一亩粮、小牡丹、大产业”，这是流传在河南省孟津县平乐村村民口中的一句新民谣。近年来，平乐村按照“有名气、有特色、有依托、有基础”的“四有”标准，以牡丹画产业发展为龙头，扩大乡村旅游产业规模，探索出了一条新时期依靠文化传承建设“美丽乡村”的发展模式。改革开放后，富裕起来的农民开始追求高雅的精神文化生活，从事书画艺术的人越来越多。随着牡丹花会的举办和旅游业的日益繁荣，与洛阳有着深厚历史渊源而又雍容华贵的牡丹成为洛阳的重要文化符号。游人在观赏洛阳牡丹的同时，喜欢购买寓意富贵吉祥的牡丹画作留念，从事书画艺术的平乐村民开始将创作主题集中到牡丹。经过二十多年的发展，平乐农民画家们的牡丹画作品远销西安、上海、香港、新加坡、日本等地，多次参加各种展览并获奖。如今的平乐村有牡丹画家八百多人，每年可创作牡丹画四十万幅，销售额达 1.2 亿元。农民变画家，村民绘就了脱贫致富的好日子。

通过上述材料谈谈你对美丽乡村经济的认识。

三、方案设计

《中共中央 国务院关于实施乡村振兴战略的意见》，是全面谋划新时代乡村振兴的顶层设计。具体内容有：

促进小农户和现代农业发展有机衔接——推进农业生产全程社会化服务；发展多样化的联合与合作；开展农超对接、农社对接；改善小农户生产设施条件；研究制定扶持小农生产的政策意见。

首次提出乡村经济要多元化发展——培育一批家庭工场、手工作坊、乡村车间，鼓励在乡村地区兴办环境友好型企业，实现乡村经济多元化，提供更多就业岗位。

农业的生态功能也得到拓展——加快发展森林草原旅游、河湖湿地观光、冰雪海上运动、野生动物驯养观赏等产业；积极开发观光农业、游憩休闲、健康养生、生态教育等服务；创建一批特色生态旅游示范村镇和精品线路；打造绿色生态环保的乡村生态旅游产业链；鼓励工商资本下乡，同时强调保护好农民利益；加快制定鼓励引导工商资本参与乡村振兴的指导意见，保护好农民利益。

对焦点的农地问题作出新改革举措——探索宅基地所有权、资格权、使用权“三权分置”；适度放活宅基地和农民房屋使用权；严格禁止下乡利用农村宅基地建设别墅大院和私人会馆。

农民进城后，村里的房和地还能留——维护进城落户农民土地承包权、宅基地使用权、集体收益分配权；引导进城落户农民依法自愿有偿转让上述权益……

根据以上材料查找相关资料，谈谈你怎么为家乡或周边乡村的振兴出谋划策？

四、社会体验

主题：介绍某企业的成功经验

建议：分若干个小组，利用课余时间到某企业调查，通过向管理人员和职工咨询，观察、了解该企业的有关节能、节约状况；调动员工积极性做负责任的企业公民等方面的内容，实现可持续发展，使之成为和谐发展的国家环境友好企业的成功之道。并写出一份资料。

五、走访生态园或参加义工（或志愿者）活动

主题：了解生态园或者被服务对象的状况

建议：由学校教师联系确定走访的地点。利用课余时间，组织全班学生参观或者参加义工服务活动，写出一份感想，教师组织学生进行交流。

第 4 版后记

为全面贯彻落实党的十九届四中全会精神，让同学们充分理解中国特色社会主义制度和国家治理体系，将习近平新时代中国特色社会主义思想落实、体现到教材中，我们在《经济政治与社会（第3版）》的基础上，认真研读党的十九届四中全会精神和《中共中央关于坚持和完善中国特色社会主义制度、推进国家治理体系和治理能力现代化若干重大问题的决定》，编写了《经济政治与社会（第4版）》，经过教育部教材局审定，供中等职业学校教学使用。

本书主编为中国人民大学马克思主义学院博士生导师张雷声教授、天津商业大学经济学院王树春教授。张雷声教授参与了教育部中等职业学校德育课《经济政治与社会教学大纲》的起草及修订工作，据此提出本教材的编写大纲、编写理念、编写方法，并负责主持本次的修订工作。参加教材编写及本次修订的人员还有：丁喆、王俊、杨辉、许立玲、李侠。

“问渠哪得清如水，为有源头活水来”，教育部中等职业学校德育课程改革犹如一场春风，给我们带来了一种民主、开放、全新的编写方式，如何准确把握新时代中国特色社会主义思想精髓，通俗易懂地描绘新时代中国特色社会主义宏伟蓝图，努力写出本教材的特色，始终是我们的追求，为此，我们参考了大量书籍及其网络相关资料，在此向有关作者表示诚挚谢意。

由于时间仓促，疏漏之处在所难免，希望广大教师和同学们在使用中提出宝贵意见，以便不断修改完善。

“俱往矣，谱壮丽诗篇，还看今朝”，同学们，把握住时代发展的脉搏，积极投身到新时代中国特色社会主义建设中去，就一定能实现中华民族的伟大复兴，我们也将享有更加幸福美好的生活。

编　者

2022 年 8 月